보이는
경제 세계사

눈앞에 펼치듯 생동감 있게 풀어 쓴 결정적 장면 35

보이는
경제 세계사

오형규 지음

글담출판

'사색은 없고 검색만 있는 시대'
우리가 알아야 할 경제사의 35가지 결정적 장면

1990년대 중반까지도 신문사에서 과거 기사를 찾으려면 조사부로 달려가 신문 스크랩북을 여러 권 들춰봐야 했다. 그나마 원하는 기사를 찾으면 다행이었고, 제대로 분류가 안 되어 있으면 아예 포기해야 했다. 국제부의 기자 선배는 대학노트에 매일 다우지수, 나스닥 지수와 각종 원자재 가격을 빼곡히 기록해 놓아 주위에 큰 도움을 줬다. 그 노트는 마치 보물처럼 여겨졌다. 증권부에는 보조 직원을 두어 하루하루 종합주가지수와 채권 금리를 기록했다. 그렇게 하지 않으면 오래전 숫자조차 찾기 힘들었던 탓이다.

지금은 클릭 몇 번으로 세상의 모든 정보를 소환할 수 있는 시대다. 숫자를 매일 기록하는 수고도 필요 없다. 그래서 신문사 조사부는 거의 사라졌거나 다른 업무로 전환됐다. 우리가 늘 들고 다니는 스마트폰은 50년 전 슈퍼컴퓨터보다 성능이 뛰어나고 더 많은 정보를 처리해준다. 하지만 과잉 정보 속에서 알짜 정보를 선별하고 진위를 가리는 건 여전히 사람의 몫이다.

'사색은 없고 검색만 있는 시대'라고 한다. 수시로 쏟아지는 정보에 대한 자신만의 선구안이 더욱 중요해졌다. 그러려면 밝은 눈을 가져야 한다. 눈을 밝히는 데는 비타민A보다 역사 지식이 필수다. 그중에서도 인류 생존과 문명 지속의 밑거름이 된 경제사야말로 인류가 '어떻게 지금 여기에' 이르렀는지를 일깨워 준다. 먼저 지나간 이들의 발자취에 오늘의 삶과 불확실한 내일에 대한 힌트가 숨어 있기 때문이다.

오늘날 평범한 사람들도 17세기 유럽 귀족보다 부유하고 안락한 삶을 누리고 있다. 현대인의 생활수준은 300년 전 귀족이 하인 200명을 부리고 말 50필을 거느리며, 대규모 농장을 갖고 살던 것과 비슷하다. 식탁에는 세계 곳곳의 식자재로 만든 음식이 넘쳐나고 스마트폰은 현인 1,000명의 지혜와 백과사전 수십 권 분량의 지식을 제공한다. 출퇴근길의 버스, 지하철은 과거의 왕과 귀족들의 어떤 교통수단보다도 빠르다.

마찬가지로 마트에 산더미처럼 진열된 생필품도 우리가 쉽게 접할 수 있게 된 건 얼마 되지 않았다. 한때 후추가 금값보다 비쌌고, 설탕은 특권계급이나 먹을 수 있던 진귀한 물품이었다. 국내에 휴대폰 서비스가 시작된 지 30년밖에 안 되었지만, 지금은 스마트폰 가입자가 인구수에 육박한다. '과거의 사치품이 오늘의 필수품'이라는 명제를 실감하게 한다. 지금까지 그래왔듯이 앞으로 더욱 그럴 것이다.

'사막의 배'라는 낙타에서 돛과 노를 젓는 갤리선으로, 다시 화석연료로 움직이는 증기선, 그리고 자동차와 비행기로 발전하면서 사람의 이동, 물자 교환, 문화와 정보 교류는 전 지구로 확대되었다. 이를 통해 지구 반대편의 누구와도 교류할 수 있게 되었다. 근대까지도 수시로 벌어졌던 전쟁과 약탈은 교환과 교류의 확장에 힘입어 시장과 법치로 대체됐다. 인류의 삶이 불과 200여 년 사이에 극적으로 변화한 것이다.

그런 변화 과정을 보여주기 위해 이 책을 쓰게 됐다. 필자의 전작인 《경제로 읽는 교양 세계사》의 속편이다. 전작에 미처 담지 못한 경제사 속의 중요한 전환점을 확대해 보여주려고 노력했다. 전작이 망원경으로 조망한 거시 경제사였다면 이번에는 돋보기로 관찰한 미시 경제사라고 할 수 있다.

오늘날 당연시되는 것들이 실은 그 하나하나가 장대한 역사다. 그속에는 먼저 산 이들의 피와 땀, 열정과 모험, 도전과 깨달음이 배어 있다. 오늘날 흔한 맥주와 와인, 커피와 누들에도 수천 년의 역사가 숙성되어 있다. 또한 실크로드에서 세계무역까지, '눈에는 눈'에서 보험까지, 연금술에서 인공지능까지의 발전 과정은 그 자체로 인류의 진보다. 그 어떤 것도 하늘에서 갑자기 떨어지지 않았다.

그래서일까? 《경제로 읽는 교양 세계사》의 연장선이라고 쉽게 생각하고 덤벼들었다가 제대로 큰코다친 느낌이다. 경제사에서 35가지 결정적 장면을 추려내는 것부터 장면마다 꼬인 실타래를 풀어내 줄기를 세우는 것, 서로의 연관성과 오늘의 의미를 찾는 것까지 어느 것 하나 만만한 게 없었다. 한 쪽을 쓰기 위해 적어도 100쪽, 200쪽을 읽어야 했다. 집필하면서 숱하게 길을 헤매고 꽉 막힌 것 같은 기분이 들 때가 많았다. 그래서 전작보다 두 배의 산고를 겪으며 출간 예정일을 한참 넘기고서 이제야 선보인다.

이 책은 각 분야의 전문가나 전공자에게 다소 미흡해 보일 수도 있다. 누구든 역사 속의 결정적인 장면을 전혀 다른 각도에서 추려낼 수도 있을 것이다. 하지만 경제라는 프리즘으로 역사를 조망할 때 교양인으로서 꼭 알아야 할 장면으로 구성했다. 미시 세계사에 관심이 있지만, 무엇을 어떻게 시작해야 할지 막연한 이들에게 작은 나침반 역할을 할 수 있다면 더할 나위 없는 보람일 것이다.

이번에도 독자에게 드리는 것보다 저자가 얻어가는 게 더 많은 것 같아 부끄럽고 송구한 마음이다. 만약 책 내용 중 오류가 있다면 전적으로 저자의 책임이다. 이 책이 나오기까지 차일피일 마감을 미룬 저자를 인내하고 격려해준 김종길 사장, 박성연 편집자 등 글담출판사 식구들께 깊이 감사드린다. 독자 여러분의 관심과 질정으로 저자의 부족함을 조금이나마 메울 수 있어 기쁘고 감사하다. 책을 낼 때마다 자꾸 빚만 늘어나는 것 같다.

2018년 청명한 가을날에
오형규

○ 차례

Part 01.
대변화의 경제 세계사

Part 04.
음식의 경제 세계사

Part 05.
뱁과 돈의 경제 세계사

대변화의
경제 세계사

대역병이 사라지고
무엇이 생겨났을까?

: 중세를 무너뜨리고 근대를 연 페스트

페스트는 중세 경제 질서와 봉건적 세계관의 몰락을 앞당겼다. 중세 영주들은 페스트로 농노가 줄면서 지배력을 유지하기 어려워졌다. 도시도, 농촌도 노동력이 태부족이어서 임금이 폭등했기 때문이다.

그러다 1666년 런던 대화재가 일어난 뒤 페스트가 거짓말처럼 자취를 감췄다. 화재가 빈민가의 불결한 무허가 목조 가옥들을 모두 태워 쥐를 박멸한 덕이었다. 이후 런던에서는 벽돌 주택만 허용했고 최초의 화재보험이 등장했다.

'걸리면 죽는' 페스트, 동서 교역로로 전파되다

《데카메론》은 14세기 중반 페스트가 유럽을 휩쓸던 시기에 탄생했다. 1346년 흑해 크림반도 카파제노바의 상업 거점에서 시작된 페스트는 불과 5~6년 만에 전 유럽을 공포로 몰아넣었다. 보카치오는 이 공포스러운 상황을 《데카메론》 첫머리에 '1348년 3~7월의 5개월간 피렌체에서만 인구의 절반이 넘는 10만 명이 죽어나갔다'라고 다소 과장해 썼다.

페스트는 본래 중국의 오지, 중앙아시아 등의 풍토병이었다. 페스트균을 지닌 검은 쥐에 기생하는 쥐벼룩을 매개로 전염된다. 14세기 중반 유럽을 강타한 페스트는 1330년대 초, 중국에서 돌기 시작해 서쪽으로 퍼진 것으로 추정된다. 당시 페스트가 발생한 중국도 인구의 3분의 1 이상이 줄어들 만큼 큰 피해를 입었다. 이는 몽골이 지배한 원나라가 몰락한 요인 중 하나다.

당시 유럽에서는 페스트로 3~4명 중 1명 꼴로 목숨을 잃었다. 전쟁보다 훨씬 높은 사망률이다. '걸리면 죽는다'라는 공포심이 수많은 괴담을 생산했다. 대표적인 것이 페스트가 몽골의 생화학 무기였다는 속설이다. 몽골계 킵차크한국 군대가 1347년 흑해 연안 크림반도의 카파를 공격할 때, 페스트 환자의 시신을 투석기로 성안에 던져

넣었다고 한다. 하지만 이는 진위 여부가 불분명하다. 흑해 연안 일대에는 이미 페스트가 퍼져 있었고, 카파도 그 영향 아래 있었다. 다만 카파에 있던 상인들이 각 나라로 귀국하면서 더 빨리 확산된 것으로 보인다.

대역병이 유럽을 순식간에 집어삼킨 데는 그럴 만한 조건이 구비되어 있었기 때문이다. 세균은 스스로 움직일 수 없다. 쥐, 사람 같은 숙주가 있어야 한다. 재레드 다이아몬드는 《총, 균, 쇠》에서 페스트가 유행한 원인을 농업과 도시화, 교역 활성화에서 찾았다. 10~14세기 유럽은 농업기술이 발전하면서 인구가 대폭 늘었다. 12~13세기에 십자군전쟁을 거치며 로마시대의 도로들도 빠르게 복원되었다. 476년에 서로마제국 붕괴 이후 위축되었던 상업 도시들이 되살아나면서 교역이 활발해졌다.

전염병의 매개체가 될 사람(숙주)들이 모여 살고, 왕래가 빈번한 환경은 세균 번식에 더할 나위 없는 조건이다. 더구나 당시에는 위생 관념이 엉망이었다. 오염된 식수, 부실한 하수 처리, 개념조차 없던 개인 위생은 세균이 배양될 수 있는 온실이나 다름없었다.

게다가 실크로드와 바닷길을 통한 동서 교역이 되살아나면서 페스트 전파의 충분조건이 만들어졌다. *카라반隊商의 낙타 짐, 동방무역 상선의 화물에 묻어 들어

카라반

주로 낙타에 짐을 싣고 무리를 지어 다니며 각지의 특산물을 파는 상인 집단을 뜻하는 페르시아어다. 상인들은 사막, 초원 등 인적이 드문 곳을 거쳐야 하므로 늘 강도나 도둑의 표적이었다. 수십 명씩 무리 지어 안전을 도모하면서 자연스레 상단을 형성했다.

온 페스트균은 상품이 이동하는 곳이면 어디든 번져나갔다. 제노바, 피렌체, 베네치아 등 상업 도시들을 거쳐 유럽 전역으로 퍼지는 데 불과 5~6년도 안 걸렸다.

이집트와 메소포타미아, 북아프리카도 인구의 절반 가까이 사망하는 타격을 입었다. 인구조사가 정확하지 않은 시절이라 얼마나 죽었는지 파악할 수조차 없었다. 페스트로 급감한 인구는 200년이 흐른 16세기에 가서야 회복되었다.

창문 밖으로 머리 내밀어 확인한 초기 검역

대역병은 관습과 제도에도 큰 변화를 가져왔다. 중세 유럽인들은 원인도 모르고, 아무 약도 듣지 않는 페스트를 '신의 재앙' '신의 분노'로 여겼다. 페스트 환자는 신이 징벌을 내렸다고 판단해 그대로 방치했다. 《데카메론》에는 생존할 수 있었던 사람들까지 그대로 방치해 더 많은 사람이 죽었다고 기록되었다.

또한 병이 낫게 해달라고 오로지 기도만 하거나 회개의 눈물로 고약을 만들어 바르는 사람들도 있었다. 스스로 채찍질하는 고행과 성지순례도 유행했다. 어느 곳에서는 유대인이 우물에 독을 풀었다며 그들을 학살했고 이방인, 거지, 나병 환자들을 공격하기도 했다. 당시 의사들은 호흡기를 통한 감염을 우려해 새 부리 모양의 기묘한 가면을 쓰고 환자를 진료했다. 농촌도 쥐가 서식하므로 아예 숲속으로 들어가 사는 사람들까지 생겨났다. 하지만 그런 방법으로는 페스트의 확산을 막을 수 없었다.

유럽 인구 7,500만 명 중 2,000만~2,500만 명의 목숨을 앗아간 페스트는 결국 경제 질서와 중세적 세계관의 몰락을 앞당겼다. 영주들은 페스트로 농노가 줄면서 지배력을 유지하기 어려워졌다. 도시도, 농촌도 노동력이 태부족이어서 임금이 폭등했기 때문이다. 집단생활을 하는 수도원 성직자의 사망률도 높았다. 교회는 성직자도 잃고, 교인도 잃어 세력과 권위가 약화되었다. 《데카메론》의 신사 숙녀들은 교외로 피신할 수 있었지만, 불결한 주거 환경에서 살아가는 빈민들은 전염병이 휩쓴 도시에 남을 수밖에 없었다.

페스트와 싸우면서 위생을 위한 행정과 검역도 생겨났다. 페스트 전염을 막으려면 환자 파악과 격리가 필수다. 관리들은 환자와 그 가족을 집에 가둔 채 문을 잠갔다. 매일 아침 페스트로 격리된 지역에 가서 환자에게 창문 밖으로 머리를 내밀게 했다. 머리를 내밀지 않으면 죽은 것으로 간주했다. 초기 방역 행정은 이렇게 시작되었다.

전염병 공포는 훗날 검역, 또는 검역소를 뜻하는 '쿼런틴quarantine' 제도를 만들어냈다. 쿼런틴은 이탈리아어로 '40일간'을 뜻하는 'quarantina'에서 왔다. 외국에서 온 배가 항구에 정박하려면 미리 선상에서 검역 당국의 사전 검사를 통과해야만 했는데, 통과하지 못하면 40일간 항구 밖에 머물면서 별 탈이 없어야 안전한 것으로 간주되었다.

페스트는 1664~1666년까지 영국 런던을 강타한 '런던 대역병'으로 재연되었다. 이때도 온몸이 까맣게 변한 시신이 즐비했지만, 큰 구덩이에 묻는 것 외에는 아무 대책이 없었다. 민간요법으로 소변 목욕이 등장했고, 고양이가 병을 옮긴다고 해서 고양이 도살 사태도 벌어졌다. 하지만 고양이가 사라지자 쥐가 번식해 페스트가 더욱 기승을 부려 6만 8,000명이 죽었다.

그러다 1666년, 런던 대화재The Great Fire of London가 일어난 뒤 페스트가 거짓말처럼 자취를 감췄다. 화재가 빈민가의 불결한 목조 가옥들을 모두 태워 의도하지 않게 쥐를 박멸한 덕이었다. 이후 런던에서는 벽돌 주택만 허용했고 최초의 화재보험이 등장했다.

300년간 유럽을 뒤흔든 페스트는 런던 대화재 이후 사실상 자취를 감췄다. 1855년 아시아에서 재발해 중국 광둥성, 홍콩 등지로 퍼지기도 했지만, 과거와 같은 대유행은 일어나지 않았다. 19세기 말, 파스퇴르가 페스트의 발병 원인과 치료법을 발견하면서 기나긴 흑사병의 공포도 사라졌다.

'콜럼버스의 교환'은 어떻게
인류를 기아에서 구할 수 있었나?

: 구대륙과 신대륙 교류의 손익계산서

신대륙에서만 자라던 옥수수·감자·고구마·강낭콩·땅콩·고추·피망·
호박·토마토·파인애플·담배 등이 유럽으로 전해졌다. 밀·쌀·보리·양파·
당근·올리브·사탕수수·후추·계피·사과·바나나·오렌지·커피 등은 구
대륙에서 신대륙으로 전해졌다. 게다가 신대륙의 대평원에서 소를 사육하면
서 인류의 단백질 공급에도 큰 변화가 일어났다. 두 대륙이 곡물·과일·향신
료·기호품 등을 주고받으면서 먹거리가 풍족해졌다.

'콜럼버스의 발견'이 바꾼 유럽인의 세계관

1492년 10월 12일은 스페인 왕실의 후원을 받은 이탈리아 출신 크리스토퍼 콜럼버스가 그해 8월 3일, 서쪽으로 가는 인도 항로를 개척하러 떠났다가 신대륙, 정확히는 산살바도르섬을 발견한 날이다. 구대륙에 국한되었던 유럽인의 시야가 신대륙 아메리카로 확장된 결정적인 순간이다.

그러나 아메리카 대륙의 발견에 대해서는 지금도 논란이 분분하다. 콜럼버스는 아메리카 대륙에 첫발을 내딛은 유럽인이 아닌 데다 1506년 죽을 때까지 자신이 발견한 땅을 인도로 알았다. 아메리고 베스푸치가 1507년 두 차례 항해한 끝에 그 땅이 유럽인들이 몰랐던 신대륙이라는 것을 확인했다. 그래서 신대륙은 콜럼버스의 이름이 아닌 아메리고의 이름을 따 아메리카로 불리게 되었다.

하지만 콜럼버스가 남긴 업적 하나는 분명하다. 콜럼버스의 발견 이후 유럽인의 세계관이 이전과는 완전히 달라졌다는 것이다. 유럽과 아메리카의 지속적인 교류도 콜럼버스로부터 시작되었다. 그의 업적은 발상의 전환을 상징하는 '콜럼버스의 달걀'로 요약되지만, 이 일화는 후대 사람들이 지어낸 것이고 누구나 처음 하는 일은 어렵다는 점을 강조한 이야기다.

영웅인가, 침략자인가?

1492년은 스페인이 이베리아반도의 이슬람 세력을 상대로 약 800년간 벌인 *레콩키스타Reconquista를 완성한 해이자, 콜럼버스가 신대륙에 당도한 해다. 이후 스페인은 약 200년간 유럽 최강국으로 번영을 누렸다. 신대륙에서 쏟아져 들어온 금과 은으로 당시 영국·프랑스가 넘볼 수 없는 부를 축적했다.

레콩키스타

스페인이 711년부터 이슬람교도에게 뺏긴 이베리아반도를 되찾기 위해 벌인 실지회복운동이다.

신대륙 발견은 스페인에게는 축복이었으나 아메리카 원주민에게는 대재앙의 시작이었다. 콜럼버스를 비롯해 코르테스, 피사로 등이 잇달아 진출해 원주민을 상대로 학살과 약탈을 자행했다. 아즈텍, 마야, 잉카 등 상당한 수준의 문명이 순식간에 무너졌다. 스페인 군대는 숫자로는 원주민에 견줄 바가 못 되었지만, 총과 대포 이외에도 눈에 보이지 않는 치명적 무기를 갖고 있었기 때문이다.

그것은 구대륙의 인간이라면 누구나 몸에 지녀 면역이 된 병균이었다. 유럽인들이 신대륙에 발을 딛자 천연두, 수두, 콜레라, 페스트, 장티푸스, 디프테리아, 홍역, 백일해 등의 질병이 마치 지옥문이 열리듯 쏟아져 들어왔다. 우리가 일상에서 흔히 걸리는 감기, 독감 인플루엔자가 원주민들에게는 치명적이었다. 구대륙에서 전래한 전염병으로 인해 1억 명으로 추산되었던 원주민은 18세기까지 약 90%가

감소하는 궤멸적인 피해를 입었다. 반대로 신대륙에서 구대륙으로 옮겨간 병균은 매독 외에는 이렇다 할 것이 없었다.

사람에게 치명적인 전염병은 주로 동물과 접촉하면서 발생하는데 홍역은 개, 천연두·결핵·디프테리아는 소, 독감은 돼지와 닭, 나병은 물소에서 유래한다. 인간은 가축과 공동생활을 한 1만 년간 200여 종의 *인수人獸 공통 전염병을 공유하며 살아왔다. 원주민이 유독 전염병에 취약했던 것은 신대륙에는 가축이 거의 없었기 때문이다. 이들이 아시아에서 이주해온 1만~2만 년 전에는 개, 소, 돼지, 양 등이 가축화되기 전이었다.

인수 공통 전염병

이시 히로유키 등이 공저한 《환경은 세계사를 어떻게 바꾸었나》에 따르면 개는 65종, 소는 55종, 양은 46종, 돼지는 42종이나 되는 질병을 사람과 공유하고 있다.

동떨어져 살던 문명 간의 접촉은 다양한 교류와 교환으로 이어진다. 콜럼버스의 신대륙 발견 이후 일어난 생물과 인구의 급격한 이동을 '콜럼버스의 교환Columbian Exchange'이라고 부른다. 1972년 앨프리드 W. 크로스비가 《콜럼버스가 바꾼 세계》라는 저서에서 처음 언급한 환경사史 용어다.

콜럼버스의 교환에는 의도적인 교환뿐 아니라 병균처럼 의도하지 않은 감염병도 포함된다. 크로스비가 인용한 1699년 독일 선교사의 기록에는 "인디언들은 단지 스페인인들을 흘낏 보거나 냄새만 맡아도 생명줄을 놓아버리는 듯이 쉽게 죽어갔다"라는 이야기가 있다.

재레드 다이아몬드는 《총, 균, 쇠》에서 신세계에는 유럽처럼 가축이 없었고, 원주민이 흩어져 살아 면역력을 개선할 기회가 없어 '접촉의 시대'가 더 치명적이었다고 했다. 주경철 서울대 교수가 《대항해시대》에서 지적했듯이 해상 팽창은 환경 차원에서 '판도라의 상자'를 연 것이나 다름없었다.

유럽인들은 설탕, 면화 등 플랜테이션단일경작 대농장 농업의 노동력으로 흑인 노예들을 아메리카 대륙으로 대거 끌어왔다. 그 결과 말라리아, 황열병 등 아프리카의 질병까지 유입되었다. 구대륙과 신대륙 간의 교류는 사람들의 이동과 함께 '질병의 세계화'를 초래했다.

유럽인은 아프리카에도 진출했다. 그러나 그곳에서는 유럽인의 전염병이 퍼지지 않았고, 오히려 말라리아 같은 토착 전염병에 시달렸다. 아프리카는 진화 경로에서 유럽과 차이가 있었다. 아시아는 예부터 유럽과 교류가 잦아 별 충격이 없었다. 반면 일방적으로 피해를 본 경우는 아메리카 대륙이 유일하다. 이는 마치 강력한 외계인 집단이 우주의 치명적 세균을 잔뜩 묻혀 지구로 내려온 것과 같았다.

신대륙의 '진짜' 복수는 담배?

신대륙이 마냥 당하기만 한 것은 아니다. 전염성이 강한 성병인 매독은 거꾸로 유럽을 경악케 했다. 콜럼버스가 귀환한 1493년 이후 스페인에서부터 매독이 퍼져나가 매독을 '신대륙의 복수'로 불렀다.

매독은 신대륙의 풍토성 성병에서 기원했다는 설이 많다. 문란한 성 관계로 전염되므로 '신의 징벌'로도 불렀다. 그러나 매독이 콜럼버스 이전부터 유럽에 존재했다는 설도 있다.

어쨌거나 질병의 교환에서 신대륙의 피해가 압도적으로 컸던 것은 구대륙에서 옮겨간 전염병이 물과 공기로 쉽게 전염되는 경우가 많았기 때문이다. 반면 매독은 피부나 성 접촉이 있어야만 걸려, 전염 속도가 상대적으로 느렸다. 오히려 진짜 '신대륙의 복수'는 담배를 꼽을 수 있다. 담배는 1558년 스페인 왕 펠리페 2세가 신대륙 원산지에서 종자를 가져와 재배하면서 유럽에 전해졌다. 이 담배는 지난 500년간 전 세계 수억 명을 니코틴 중독자로 만들었고, 지금도 맹위를 떨치고 있다.

신·구대륙의 교류와 관련해 '몬테수마의 복수Montezuma's Revenge'라는 용어도 있다. 몬테수마는 1520년 스페인의 코르테스가 아즈텍 왕국을 정복할 때 스페인을 옹호했다가 돌에 맞아 죽은 마지막 왕 몬테수마 2세를 가리키는데, 백인이 멕시코나 다른 개발도상국을 여행할 때 겪는 물갈이 설사를 뜻한다. 여행자에게 흔해 의학 용어로는 '여행자 설사Traveller's diarrhea'라고 한다. 보통 3~5일간 설사가 이어지고, 심한 경우에는 병원 신세를 져야 한다.

'몬테수마의 복수'는 여행지마다 다른 이름으로도 불린다. 인도에서 겪으면 '간디의 복수' '델리 벨리Delhi belly'라고 하고, 이집트에서 겪으면 '파라오의 복수' 또는 '미라의 배Mummy's Tummy'라고 부른다.

인류를 기아에서 구한 '콜럼버스의 교환'

콜럼버스의 교환이 부정적인 효과만 있었던 것은 아니었다. 구대륙에는 오히려 엄청난 혜택으로 돌아왔다. 신대륙에서만 자라던 옥수수, 감자, 고구마, 강낭콩, 땅콩, 고추, 피망, 호박 등이 유럽으로 전해졌다. 토마토, 파인애플, 배, 블루베리, 아보카도, 카카오 등도 마찬가지다.

특히 감자는 유럽인의 주식 중 하나가 되었다. 재배가 쉽고, 조리법이 간단하며 싸기까지 했던 감자는 많은 사람들의 사랑을 받았다. 감자가 유럽인의 식탁에 올라오면서 감자 의존도가 높아져 생긴 비극이 아일랜드의 '감자 대기근'이다. 1845~1852년 감자가 말라죽는 역병이 돌아 수확을 망치자 아일랜드에서 약 100만 명이 굶어 죽었다.

구대륙에서 신대륙으로 전해진 것도 많다. 밀, 쌀, 보리, 양파, 당근, 올리브, 후추, 계피, 사과, 복숭아, 배, 바나나, 오렌지, 레몬, 키위, 커피, 등은 신대륙에 없었다. 두 대륙이 곡물, 과일, 향신료, 기호품 등을 주고받으면서 모두 먹거리가 풍족해졌다. '콜럼버스의 교환'이 가져온 최대 이점은 인류를 기아에서 구한 것이다.

낙타과 동물인 알파카 외에는 이렇다 할 가축이 없던 신대륙은 콜럼버스 이후에 천혜의 가축 사육지로 떠올랐다. 구대륙의 소, 말, 돼지, 염소, 양, 닭, 토끼, 낙타 등이 신대륙으로 전파되었다. 이를 통해 원주민들은 동물 고기를 먹을 수 있을 뿐만 아니라 운송 및 이동

수단으로도 활용하게 되었다. 이런 점은 신대륙이 혜택을 본 셈이다.

들소뿐이던 신대륙의 대평원에서 소를 사육하면서 인류의 단백질 공급에 큰 변화가 일어났다. 미국, 캐나다, 아르헨티나 등은 세계적인 소고기 공급지로 각광받았다. 특히, 아르헨티나는 냉동선이 발명된 19세기 말부터 유럽에 소고기를 수출해 한때 세계 5위 안에 드는 부국이었다.

경제가 성장하는 곳일수록 일자리가 많다. 19세기에 일자리와 일확천금, 새로운 기회를 찾아 유럽에서 신대륙으로 대대적인 인구 이동이 일어났다. 〈엄마 찾아 삼만 리〉의 주인공이 엄마를 찾아간 곳도 아르헨티나였다. 미국, 캐나다, 아르헨티나, 칠레, 우루과이 등이 이민자의 나라가 된 까닭이다.

콜럼버스의 교환은 지금도 일어나고 있다. 지구촌으로 가까워진 세계 곳곳에서 사람과 상품, 동식물이 끊임없이 다른 대륙을 오간다. 외래종 황소개구리, 블루길과 배스 등이 우리나라 하천을 휘저었다. 거꾸로 한국의 쏘가리는 미국 하천에서 최고 포식자로 군림한다. 그럼에도 아메리카 대륙처럼 치명적인 피해가 발생하지 않는 것은 '접촉의 세계화'가 이루어지면서 면역도 세계화하고 있기 때문일 것이다.

중국인은 어떻게
19세기 '세계 경제 지도'를 바꾸었을까?

: 세계 곳곳에 화교가 정착한 이유

1865년 미국의 대륙횡단철도 공사에서 최악의 난코스였던 시에라네바다산맥에 쿨리가 투입되었다. 협곡의 경사도 75도를 넘는 암벽 사이에 구멍을 뚫고 화약을 끼워 넣는 위험한 발파 작업은 죄다 쿨리 몫이었다. 이 공사에 투입된 쿨리 4분의 1이 희생되었다.

미시시피강 서쪽은 불모지였는데, 철도 시대가 열리자 사람과 물자의 이동이 폭발적으로 늘어났다. 기차역을 거점으로 도시들이 생겨나 오늘날 미국의 원형이 갖춰졌다. 미국 대륙이 하나로 통합되는 계기가 된 것이다.

나라가 쇠하면 국민이 고생

1872년 7월 9일, 일본 요코하마항에 페루 선적의 마리아루즈호가 기항했다. 마카오를 출발해 페루로 가던 중 폭풍을 만나 수리를 위해 입항한 것이다. 이튿날 밤, 이 배에서 남자 한 명이 몰래 뛰어내려 옆에 정박 중이던 영국 군함으로 옮겨갔다.

영국 해군은 그가 하는 말을 알아들을 수 없어 일본 관리에게 넘겼다. 일본 정부는 타국 상선에 간섭할 수 없다며 그를 마리아루즈호 선장에게 인계했다. 뒤이어 또 다른 남자가 탈출해 영국 군함에 다시 도움을 요청했다. 그는 배에서 엄청난 학대를 당했고, 먼저 탈출했다 돌아온 사람은 몰매를 맞고 감금되어 있다고 호소했다.

급기야 영국 공사가 군대를 이끌고 마리아루즈호를 조사했다. 이 배에 실린 '화물'은 다름 아닌 232명의 청나라인이었다. 그들은 페루의 농장과 계약을 맺고 일하러 가던 저임금노동자였다. 노예와 다름없던 '쿨리'의 참상이 드러나는 순간이었다.

쿨리는 '머슴, 일꾼'을 뜻하는 인도 힌디어의 'kuli'에서 유래했다. 영어로 'coolie'인데, 해외에서 일하는 저임금 계약노동자를 가리킨다. 쿨리는 19세기 후반 중국인이 겪은 고통의 상징과도 같다. 열강의 침탈에 속수무책이었던 청나라 황실은 자국민을 보호할 능력이 없었다. 나라가 쇠하면 국민이 온갖 고초를 겪기 마련이다. 쿨리가 바로 그런 경우였다. 인력은 보통 노동력이 넘치는 나라에서 부족한 나라로 이동하는데, 19세기 쿨리만큼 대규모 이동 사례는 찾기 힘들다.

청나라는 2차 아편전쟁1857~1858에서 패한 뒤 중국인 노동자의 해외 송출을 공식 허용했다. 승전국인 영국, 프랑스, 미국 등 서구 열강의 요구 사항이었다. 베이징조약1860에는 '청나라인이 해외에 나가 일자리를 얻는 것은 자유이다'라는 조항이 들어갔다. 겉으로는 중국인에게 자유 이주권을 부여한 것 같지만, 실상은 노예 무역선에 저임금노동자를 태우기 위해 '눈 가리고 아웅' 하는 조항이었다. 쿨리는 짐짝처럼 배에 실려 태평양을 건너 아메리카 대륙에서 흑인 노예의 일을 대신했다.

쿨리는 주로 가난한 농민 출신이었다. 19세기 들어 중국 인구가 급증했는데 경작지는 잦은 가뭄으로 되레 줄었다. 살기 힘들어진 농민들이 돈벌이를 하러 해외로 나갔다. 이들은 멕시코 페루 아르헨티나 등 중남미, 쿠바 자메이카 등 카리브해, 미국과 캐나다 등 북아메리카, 싱가포르 등 동남아, 남아프리카 호주 뉴질랜드 등 오세아니아, 이렇게 세계 곳곳으로 퍼져나갔다. 지금도 세계 어느 나라를 가든지 중국 *화교華僑와 차이나타운이 있는데, 이런 아픈 역사가 숨어 있다.

화교

'화(華)'는 중국을 의미하며, '교(僑)'는 타국에서의 거주 또는 임시 거주를 뜻한다. 이들은 중국 본토를 떠나 해외로 이주, 정착한 뒤에도 중국과 정서적으로 밀접한 경우가 많다.

쿨리, '세계의 일꾼'으로 부상하다

최초의 중국인 쿨리는 1806년 서인도제도에 속한 영국 식민지 트리니다드로 보내졌다. 쿨리가 본격 송출된 것은 1820년대 이후다. 1848년에 호주, 1849년에는 미국 캘리포니아에서도 쿨리를 수입했다. 초기에 송출된 쿨리는 8할이 납치, 인신매매 등으로 끌려온 사람들이었다.

이들은 형식상으로 노예가 아닌 계약노동자였다. 쿨리는 대개 문맹이어서 극히 불리한 조건의 근로 계약서에 내용도 모르고 서명했다. 노예 수송선으로 쓰였던 열악한 배에 실려 몇 달씩 항해했다. 목적지에 도착해서는 혹독한 노동에 시달렸고, 고용주의 명령에 무조건 복종해야 했다. 계약 해지도 불가능했고, 일을 게을리하면 처벌받았다. 탈출이나 반란을 시도하면 바로 총살이었다. 근로 계약서를 썼다는 것 말고는 흑인 노예와 전혀 다를 게 없는 삶이었다.

쿨리는 19세기 초 유럽 국가들의 노예해방과 밀접한 관련이 있다. 영국은 본국의 면직물과 럼주, 서인도제도의 설탕, 아프리카의 노예를 교환하는 삼각무역으로 큰 이득을 올렸지만, 인간을 사고판다는 도덕적 비난에 직면했다. 급기야 영국 정부는 1807년 노예 수입을 금지했고, 프랑스 네덜란드 등 다른 유럽 국가들도 뒤따랐다.

그러자 유럽 각국이 신대륙에 벌여 놓은 설탕, 면화 등 플랜테이션과 금광, 은광 등 광산에서는 당장 일손이 부족해져 아우성이었다.

1863년에는 미국에서도 링컨 대통령의 노예해방으로 철도 건설과 농장에 필요한 노동력 부족이 심각한 고민이었다.

유럽에서는 농민들의 이주를 권장했지만, 백인 농민들은 주로 아르헨티나, 칠레, 우루과이처럼 기후가 온화한 곳을 선호했다. 게다가 아메리카 원주민들은 중노동을 오래 견디지 못했다. 이때 대안으로 떠오른 것이 중국을 비롯해 인도, 동남아 등지의 저임금노동자였다. 특히 중국인은 인내심이 강하고 성실해 각지에서 일꾼으로 선호했다.

쿨리의 전체 규모는 기록도 별로 남아 있지 않아 파악이 어려운데 쿠바의 사례를 보면 대략 그 실상을 짐작할 수 있다. 1840년대에 흑인 노예가 해방된 쿠바에서는 1847~1870년 사이에 14만 명이 넘는 쿨리를 수입했다. 홍콩에서 쿠바의 아바나까지 4~5개월의 항해 도중 쿨리의 15%가 사망했다. 쿨리의 계약 기간은 8년이었지만, 평균 노동 기간은 5년에 불과했다. 중도에 다치거나 병들어 죽는 일이 많았기 때문이다. 이에 비춰 볼 때 세계적으로 최소 100만 명 이상의 쿨리가 공급되었고, 사망자도 수만에서 수십만 명에 달했을 것으로 추정된다.

청나라가 쿨리 송출을 억제했지만 홍콩, 마카오 등 외국 조차지租借地를 중심으로 쿨리 수출은 여전히 성행했다. 그러다 1872년 쿨리를 가득 실은 마리아루즈호가 요코하마항에서 나포되면서 그 참상이 알려져 국제적인 파장이 일었다.

청 황제는 1874년 '쿨리 거래 금지령'을 내리고, 황제의 전권대사를 홍콩 일본 하와이 샌프란시스코 멕시코 등지에 파견해 쿨리에 대한 보상과 처우 개선에 합의했다. 1880년대에 들어서야 쿨리도 법적으로 인권을 보장받게 된 것이다. 이것이 저임금 외국인 노동자 보호의 토대가 되었다.

미국 대륙횡단철도 놓으며 쿨리 4분의 1이 죽어가

19세기 후반 들어 쿨리는 없어서는 안 될 존재였다. 사탕수수, 면화 플랜테이션과 토목 건설, 광산 등은 쿨리가 없으면 돌아가지 않았다. 특히 미국에서 쿨리의 역할은 결코 무시할 수 없다. 쿨리는 샌프란시스코 금문교, 뉴욕 엠파이어스테이트 빌딩 등의 건설 현장에 투입되어 숱하게 목숨을 잃었다.

미국의 대륙횡단철도 착공1865도 쿨리가 없었다면 불가능했다. 서부의 철도 공사 중 최악의 난코스였던 시에라네바다산맥에 쿨리가 투입되었다. 깎아지른 협곡은 경사도가 75도를 넘었다. 이런 암벽 사이에 구멍을 뚫고 화약을 끼워 넣는 위험한 발파 작업은 죄다 쿨리 몫이었다.

이 공사에 투입된 쿨리 1만 2,000여 명 가운데 4분의 1인 3,000여 명이 희생되었다고 한다. '침목 하나 놓을 때마다 쿨리 한 명이 죽어나갔다'라는 말까지 있을 정도였다. 이런 악전고투 끝에 캘리포니아주 새크라멘토와 네브라스카주 오마하를 연결하는 대륙횡단철도가 4년 만에 완공되었다.

쿨리가 뚫은 대륙횡단철도는 미국의 경제 지형을 바꿔놓았다. 미시시피강 서쪽은 사실상 불모지였지만, 철도 시대가 열리며 사람과 물자의 이동이 폭발적으로 늘어났다. 기차역을 거점으로 도시가 생겨나 오늘날 미국의 원형이 갖춰졌다. 미국 대륙이 하나로 통합되는 계기가 된 것이다.

강철왕 앤드류 카네기, 철도왕 코닐리어스 밴더빌트와 릴런드 스탠퍼드 등이 큰돈을 벌게 된 것도 대륙횡단철도 덕이었다. 철강 산업이 번성하자 석유, 자동차 산업도 일어나 미국은 산업혁명에 박차를 가했다. 그런 점에서 쿨리의 후예인 중국 화교들은 '미국의 오늘'에 일정 지분이 있다.

하지만 쿨리의 삶은 차별과 박해의 연속이었다. 1880년 캘리포니아주에서는 쿨리와 그 가족 등 중국인이 30만 명으로 늘면서 당시 주 전체 인구의 10%를 차지했다. 미국 의회는 1882년 '중국인배척법 Chinese Exclusion Act'을 제정해 쿨리의 노동 이민을 금지했다. 1888년 그로버 클리블랜드 대통령은 "중국인이 미국의 평화와 복지를 위협한다"라고 선언했다.

비교적 공정하다는 미국 법정에서조차 중국인은 법적 보호도, 정당방위도 허용받지 못했다. 심지어 백인들이 중국인 마을로 쳐들어가 닥치는 대로 죽여도 처벌하지 않았다. 멕시코로 건너간 쿨리들은 멕시코혁명1910 때 대거 학살당하기도 했다.

　오죽했으면 영어로 '기회가 전혀 없다'라는 의미로 "He doesn't have a Chinaman's chance"라는 관용 표현이 생겨났을 정도다. 오직 중국인만을 표적으로 한 이 법은 제2차 세계대전 때 중국이 일본과 싸우며 미국의 우방이 된 이후인 1943년에야 폐지되었다.

빈곤에서 벗어나려면
인구를 억제해야 할까?

: 70억 인류를 먹여 살릴 방법

맬서스는 인구 폭발을 방치할 경우 전쟁·기근·전염병 등 잔혹한 '적극적 예방책'이 작동한다고 했다. 실제로 인구 급증에 따른 식량 부족은 역사적으로 잦은 약탈과 전쟁·민족 이동·역병·기아 등의 원인이 되었다.

하지만 맬서스의 예언은 틀렸다. 19세기 이후 품종 개량·비료 및 농기계 발명·윤작 등의 녹색혁명과 20세기 농업 산업화로 식량 공급량은 인류를 부양하고도 남을 정도가 되었다. 인류가 '맬서스 함정'에서 벗어난 결정적 요인은 18세기 중반 일어난 산업혁명이었다.

인구, 스스로 못 줄이면 강제로 줄인다

지구의 자원은 한정되어 있는데, 마냥 인구가 늘어나면 어떻게 될까? 영국의 정치경제학자 토머스 맬서스1766~1834는 이런 문제에 일찌감치 주목했다. 그는 성공회 성직자 출신으로 케임브리지대학교를 우등으로 졸업한 수재였다. 그가 1798년《인구론》을 발표하기 직전 잉글랜드와 아일랜드에서는 전쟁, 작황 부진, 식량 폭동 등이 일어났다. 이에 맬서스는 '인구는 곧 재앙'이라는 확신에 이르게 되었다. 그리고 그는 18세기 말에 산업혁명으로 팽배하던 낙관론에 찬물을 끼얹은《인구론》을 발표했다.

맬서스는 인간의 강한 성욕 때문에 인구 증가를 막기 어렵다고 보았다. 인구는 25년마다 두 배2, 4, 8, 16의 기하급수로 증가하는 반면, 식량 생산은 천천히 증가1, 2, 3, 4의 산술급수해 파국을 맞는다는 것이다.

식량이 늘면 인구가 늘어 노동력이 증가하지만, 곧 인구 포화로 임금이 떨어지고 식량이 비싸진다. 임금이 싸지면 지주들은 농업 노동자를 더 고용하게 되어 다시 식량 생산이 늘지만, '먹는 입'이 더 빨리 늘어 또 식량 부족에 직면한다.

이런 악순환이 끊임없이 되풀이되는 것을 '맬서스 함정Malthusian trap'이라고 한다. 생산성 증가 속도가 인구 증가 속도를 따라가지 못해 소득이 정체되고, 항구적으로 빈곤에서 벗어나지 못하는 상태를 뜻한다.

맬서스 함정은 생산을 토지에 의존했던 산업혁명 이전에는 일리 있는 분석이었다. 14세기 중반에 페스트로 유럽 인구의 3분의 1이 줄었을 때 임금이 크게 오른 것이나, 16세기 이후에 인구가 늘면서 임금이 떨어진 것과 같은 실제 사례가 즐비했기 때문이다.

맬서스의 주장이 아니더라도 인구가 곧 부富로 간주되던 농경사회에서는 다산多産이 미덕이었다. 경제성장이란 것이 존재하지 않았고, 설사 성장한다 해도 그것은 인구 증가에 의한 것이었을 뿐 지속가능하지도 않았다.

그런 점에서 맬서스는 인류가 빈곤에서 벗어나려면 인구 증가를 억제해야 한다고 주장했다. 인구 폭발을 방치할 경우 전쟁, 기근, 전염병 등 잔혹한 '적극적 예방책양성 제어'이 작동할 수밖에 없다는 이유에서였다. 실제로 인구 급증에 따른 식량 부족은 역사적으로 잦은 약탈과 전쟁, 민족 이동, 역병, 기아 등의 원인이 되었다.

때문에 맬서스는 인구를 늘릴 여지가 있는 모든 정책에 반대했다. 예컨대 빈민 구제 정책이 결혼과 출산을 촉진하고, 곡물 수입 자유화는 값싼 식량을 공급해 인구를 늘리므로 이를 모두 금지해야 한다고 주장했다. 중노동이나 열악한 주거 환경, 비위생적 육아 환경 등으로 인구 증가가 억제되는 게 차라리 낫다는 것이다. 《인구론》을 접한 역사가 토머스 칼라일이 경제학을 '우울한 학문dismal science'이라고 평

했고, 칼 마르크스가 '가장 잔인하고 야만적인 경제학'이라고 비판할
만도 했다.

오늘날 노동자, 17세기 귀족보다 윤택해

맬서스는 성직자 출신이면서 이런 '망언'을 쏟아냈다는 이유로 극
심한 비난을 받았다. 그러나 인구가 증가해 '적극적 예방책'이 작동
하면 가장 피해를 보는 것이 빈민과 노동자이므로 극약 처방이라도
해야 한다는 것이 맬서스의 본심이었다. 그 영향으로 영국에서는 실
제로 자녀 8명 이상인 가정에 주던 다자녀 장려금을 폐지했다. 그가
사망한 지 10년 뒤에 아일랜드 인구의 4분의 1이 감소하는 감자 대
기근이 벌어지자, 그를 선지자로 재평가하기도 했다.

하지만 결론적으로 맬서스의 예언은 틀렸다. 식량 생산은 그의 예
상보다 훨씬 빠르게 늘었다. 19세기 이후에 품종 개량, 비료 및 농기
계 발명, 윤작 등의 녹색혁명과 20세기 농업의 산업화로 식량 공급량
은 인류를 부양하고도 남을 정도다. 실제로 1800년과 비교해 1950년
대 미국의 농업 생산성단위면적당 생산량은 밀이 20배, 옥수수가 30배 이
상 높다. 생산성 혁신이 경제성장을 이끌어 빈곤은 물론 인구문제까
지 해결한 셈이다.

반대로 인구가 기하급수로 폭발한 것도 아니었다. 물론 인구는

크게 늘었다. 1600년 5억 명에서 1800년 10억 명, 1920년 20억 명, 1930년 30억 명, 2018년 현재에는 약 73억 명이 되었다. 인구 1억 명이 늘어나는 기간은 점점 짧아지고 있다. 아직도 아프리카 등 저개발국에서는 '인구 폭탄'을 우려한다.

그러나 지금은 많은 나라들이 만혼과 결혼 기피로 오히려 저출산을 걱정한다. 인구 폭탄이 아니라 '인구 절벽'이다. 이렇게 상황이 급변한 것은 19세기 말에 피임약이 발명되고, 20세기에 여성의 사회 진출이 늘면서 출산율이 획기적으로 낮아졌기 때문이다. 과학자들은 인류 최고의 발명으로 피임약을 꼽고, 교황청은 세탁기를 지목했다. 맬서스 시대에는 상상도 못한 것들이다.

맬서스는 자신이 접한 몇 가지 사례로 '조급한 일반화의 오류'를 범했다. 특히 25년마다 인구가 두 배로 증가한다는 근거로 미국의 예를 든 것은 통계를 잘못 해석한 탓이다. 그 시대의 미국 인구 급증은 출산보다는 이민에 기인한다.

인류가 맬서스 함정에서 벗어난 결정적 요인은 18세기 중반 일어난 산업혁명 때문이다. 산업혁명은 하루아침에 천지개벽을 이룬 것이 아니다. 산업혁명의 70여 년 동안 영국의 연평균 경제성장률은 1%였다고 한다. 그럼에도 '혁명'인 것은 땅 위에 서서 하늘만 쳐다보던 인류가 비로소 축적과 지속가능한 성장을 이루게 되었기 때문이다.

1인당 소득수준을 그래프로 그려보면 맬서스 함정에 갇혀 수천 년을 횡보한다. 그러나 1750년을 기점으로 1인당 소득은 로켓이 발진하듯 비약적으로 솟구쳐 오르는 모양새다. 이를 '대분기Great Divergence'라고 한다. 대분기는 인류의 삶의 질을 혁명적으로 변화시켰다. 오늘날 선진국 노동자들은 17세기 베르사유궁전의 프랑스 귀족보다 윤택한 생활을 누린다. 1인당 에너지 소비량은 하인 200명을 부리는 것과 같다고 한다.

산업혁명은 단순히 기계화를 가리키는 게 아니다. 산업은 물론 농업, 상업, 과학기술 등이 동반 성장하며 전반적으로 폭발적인 발전을 이룬 것이다. 산업혁명을 거치면서 서양은 역사상 처음으로 중국, 인도 등의 동양을 앞지르게 되었다. 이를 무력으로 입증한 것이 청을 굴복시킨 아편전쟁이다.

맬서스의 가설은 오류로 판명 났지만, 그의 주장은 두고두고 영향을 미치고 있다. 찰스 다윈의 진화론도 맬서스의 영향을 받은 것이다. 다윈은 식량과 성적 욕구가 인간 행동을 좌우한다는 맬서스의 전제를 동식물의 적자생존에 확대 적용했다.

19세기 말 프랑스에서는 맬서스의 가설이 그의 후예를 자처하는 폴 로뱅, 옥타브 미르보 등에 의해 신新맬서스주의Neo-Malthusianism로 계승되었다. 이들은 식량을 포함해 한정된 자원에 맞춰 인구를 억제해야 한다고 주장했다. 피임을 중요한 국가 정책으로 제시한 것이 실제 구미 선진국의 산아제한으로 제도화되었다. 우리나라의 1970~1980년대 두 자녀 운동, 중국의 한 자녀 운동 등도 신맬서스주의의 산물이다.

영국에서 시작된 자동차 산업이
미국과 독일에서 발전한 까닭은?

: 기술혁신이 못마땅한 사람들의 최후

증기자동차의 최고 속도를 제한하는 적기조례로 영국의 자동차 산업이 쪼그라들자, 경쟁국들은 기술 격차를 만회할 호기를 맞았다. 그들은 영국에서 이탈하는 자본과 기술자들을 적극적으로 받아들였다. 그 결과 1885년 독일에서는 벤츠가 세계 최초의 휘발유 자동차를 발명했다. 독일은 도로까지 확충해 자동차 산업을 주도했다.

미국에서는 1903년 포드가 등장하며 대량생산에 나섰다. 자동차는 20세기 '미국의 시대'를 열었다.

세계 최초의 자동차 사망 사고로 촉발된 갈등

1834년 영국 귀족 존 스콧 러셀이 만든 증기자동차증기버스가 승객 21명을 태우고 글래스고를 출발했다. 그런데, 언덕을 오르기 위해 증기기관의 압력을 높이다 차가 전복되면서 엔진 보일러가 폭발했다. 기관의 불을 조절하던 화부火夫와 승객 2명이 그 자리에서 사망했다. 주행 중 일어난 사고는 아니지만, 세계 최초로 기록된 자동차 사망 사고다.

증기자동차는 보일러에 석탄을 때 물을 끓여 발생한 증기로 터빈을 돌려 동력을 얻는 방식이다. 석탄을 많이 땔수록 힘이 세지지만, 그만큼 위험했다. 사망자가 발생했으니 증기자동차에 대한 부정적 여론이 들끓는 것은 당연했다. 증기자동차는 괴물로 간주되어 규제를 요구하는 목소리가 커졌다.

그러나 19세기에 세계는 이미 증기기관의 시대로 접어들었다. 증기기관으로 움직이는 철도와 자동차가 등장하며 가축을 이용하던 시대에서 기계의 시대로 변모하고 있었다. 최초의 증기자동차는 프랑스 공병 장교 니콜라 조제프 퀴뇨가 개발했다1769. 퀴뇨는 대포 운반을 위한 3륜차로 시제품을 만들었지만, 프랑스혁명의 혼란 속에 개발이 중단되었다.

영국에서는 리처드 트레비식이 증기자동차 실용화에 성공했다[1801]. 1826년에는 월터 핸콕이 시행착오를 겪으며 개량을 거듭한 끝에 증기버스가 상용화되었다. 사고가 있었던 1834년에는 이미 증기버스가 영국 도시들을 오가며 승객을 실어 날랐다. 산업혁명이 기계혁명방적기, 동력혁명증기기관에 이어 속도혁명철도 및 증기자동차으로까지 확산된 것이다.

그러나 새롭게 등장한 증기자동차는 사람들에게 낯설고 흉물스럽게 여겨졌다. 그도 그럴 것이 굉음과 매연을 내뿜는 데다 그을음으로 빨래를 시커멓게 만들기 일쑤였다. 쇳덩어리 차체와 철제 바퀴는 무게가 $10 \sim 30t$에 달해 도로를 망가뜨리고 진동도 엄청났다. 크고 작은 사고가 끊이지 않아 '달리는 괴물'에 대한 시민들의 거부감은 점점 커졌다.

가장 강하게 반발한 집단은 당시 대중교통을 담당했던 마차 업계였다. 증기자동차는 마차 속도의 2배인 시속 $30 \sim 40km$에 달했다. 최대 탑승 인원도 28명으로 마차의 두 배였지만, 요금은 마차의 반값이었다. 말과 달리 '지치지 않는 기계'에 승객을 빼앗긴 마부들은 일자리를 걱정했다.

마차 업주들과 마부조합은 증기자동차를 규제하라며 영국 의회에 끊임없이 청원을 넣었다. 말과 사람이 놀라 위험하다는 게 명분이었다. 증기자동차의 경쟁자인 철도 업계도 손님을 잃게 되자 청원에 동참했다. "제발, 저 괴물을 멈춰 달라!"

사람보다 빨리 달리면 안 되는 증기자동차

정치인은 예나 지금이나 여론에 민감하다. 마차 · 철도 업계와 시민들의 반발을 의식한 영국 의회는 먼저 증기자동차에 대해 마차보다 10~12배나 비싼 도로 통행세를 물렸다. 이어 의회는 1861년 증기자동차의 최고 속도를 시내에서 시속 5마일8㎞, 교외는 10마일16㎞로 제한하는 '기관차량조례The Locomotive on Highway Act'를 제정했다.

이것도 모자라 1865년에는 기존 조례를 대폭 강화한 '적기조례Red Flag Act'를 만들어 빅토리아 여왕의 이름으로 공표했다. 적기조례란 명칭은 위험을 알리는 붉은 깃발赤旗에서 유래했다.

세계 최초의 도로교통법인 적기조례의 내용을 보면 첫째, 증기자동차의 최고 속도를 시내에서 시속 2마일3.2㎞, 교외에서 시속 4마일6.4㎞로 제한했다. 이런 속도는 사람이 걷거나 가볍게 뛰는 정도다. 둘째, 증기자동차는 운전수, 기관원, 붉은 깃발을 든 신호수 등 3명으로 운행해야 했다. 신호수는 차량의 $60yd$(야드)55m 앞에서 걸어가며 마차나 말이 접근할 때 운전수에게 신호를 보내는 역할이었다.

적기조례로 인해 번창하던 증기버스 업계에 급제동이 걸렸다. 사업자들은 지나친 규제라며 반발했다. 그러나 1869년 아일랜드 시골길을 달리던 증기버스가 구덩이를 만나 크게 흔들리면서 촉망받던 여성 천문학자 메리 워드가 튕겨나가 사망한 사건이 발생했다. 업자들의 반발보다 속도 규제의 목소리가 더 커졌다.

마차보다 느린 증기버스는 무용지물이었다. 증기버스는 도시에서 자취를 감추었고, 시골에서 농업용이나 작업용 트랙터로 이용되었다. 과잉 규제라는 논란 속에 1878년 적기조례가 개정되어 붉은 깃발을 없애고, 전방 신호수와 차량 간의 거리를 20yd¹⁸ᵐ로 단축했다. 그러나 증기자동차는 말을 만나면 정지해야 했고, 증기나 연기를 내뿜어 말이 놀라게 하는 것도 금지되었다. 개선이 아니라 오히려 개악된 것이다.

적기조례는 1896년 폐지되기까지 31년간 존속했다. 그동안 영국의 자동차 산업은 쪼그라들 수밖에 없었다. 일거리가 없어진 자동차 기술자와 사업가들이 미국, 독일, 프랑스 등 해외로 빠져나갔다.

세계 최고 산업국 영국이 2류 국가가 된 이유

영국에서는 적기조례가 폐지되자 한때 증기자동차 붐이 다시 일어나 1920년대까지 명맥을 유지했다. 그러나 이미 시대가 바뀌고, 기술수준은 한층 높아졌다. 휘발유, 디젤 등 석유로 움직이는 내연內燃자동차가 등장하자 요란하고, 무겁고, 성능이 떨어지는 증기자동차는 구세대의 유물로 전락했다. 마차업자들도 더 이상 규제를 요구하기 어려웠다.

지금 보면 적기조례는 황당하기 짝이 없는 법이다. 어떻게 달리는 자동차를 사람의 보행 속도로 다니라고 법으로 강제할 수 있을까? 그런데도 산업혁명의 선발 주자인 영국에서 먼저 그런 규제를 입법화했다. 19세기에 세계 1위 산업국이던 영국은 1900년에 이르러 그 지위를 미국과 독일에 내주고 말았다. 산업혁명을 선도했던 영국이 거꾸로 추격자 신세가 된 것이다.

영국이 주춤하는 동안 경쟁국들은 기술 격차를 만회할 호기를 맞았다. 그들은 영국과 달리 적기조례 같은 규제를 도입하지 않고, 영국에서 이탈하는 자본과 기술자들을 적극 받아들였다. 그 결과 독일에서는 카를 프리드리히 벤츠가 세계 최초의 휘발유 자동차를 발명했다1885. 독일은 도로까지 확충해 자동차 산업을 주도했다.

프랑스도 1889년 벤츠의 특허 사용권을 사들여 자동차 생산에 나섰다. 미국에서는 듀리에 형제가 자동차 제조 회사인 듀리에모터웨건을 설립했고1893, 올즈모빌1897, 포드1903 등이 등장하며 대량생산에 나섰다. 자동차는 20세기 '미국의 시대팍스 아메리카나'를 열었다.

20세기 들어 영국도 롤스로이스, 재규어, 랜드로버, 로터스, 미니 등의 자동차 회사가 등장하며 자동차 부흥에 시동을 걸었다. 한때 최고의 산업국답게 저력을 보이는 듯했지만, 높은 생산 비용으로 경쟁력을 잃고 대부분 해외 업체에 매각되었다. 영국은 지금 최대 자동차 수입국이다.

과거에 갇힌 규제 vs 미래를 보는 규제

오늘날 적기조례는 어리석은 규제로 산업을 죽인 대표적인 사례로 자주 인용된다. 마차를 보호하기 위한 규제가 마차와 자동차를 모두 잃는 결과를 낳았다. 하지만 그 시절에는 황당한 법이 아니었다. 증기자동차가 등장할 때부터 먼 훗날 자동차 산업이 엄청난 부가가치와 일자리를 창출할 것으로 내다보는 혜안을 가진 사람은 드물었다. 오히려 당장 피해를 보는 업종, 일자리를 잃는 마부들이 눈에 띄기 마련이다. 안전과 생명 보호 등의 명분도 있다.

적기조례는 오히려 여론의 강력한 지지를 등에 업었다. 증기자동차가 편리하기도 하지만 시민들은 그것을 위험하고 흉물스러운 것으로 간주했다. 특히 수많은 마차업자, 마부, 마차 제조업자, 말 농장주, 마구업자, 건초업자 등이 증기버스 규제를 환영했다.

규제는 그렇게 생겨난다. 기존 경제질서에서 이익을 보는 집단이 정치인을 움직여 새로운 경쟁자의 진입을 막는 게 보통이다. 기득권 집단에게는 혁신이나 발명이 심각한 위협이 되기 때문이다. 정부도 보다 많은 사람이 종사하는 기존 산업이 새로운 산업에 밀려나는 것을 마냥 방치하기 어려워 규제부터 검토하는 것이다.

지금도 적기조례 같은 규제가 적지 않다. 선진국은 물론 중국에서도 허용된 차량, 자전거, 숙박 등의 *공유 서비스가 한국에서는 대부분 불법, 탈법으로 간주된다. 복합 쇼핑몰이 소비 트렌드로 자리잡았는데도 강제 휴무 등 규제하려는 법안이 국회에 쌓여 있다. 적기조례는 과거에 갇혀 미래를 보지 못하는 규제의 폐해를 보여주었다. 발전을 거부하고 시대 흐름에 역행하는 제도는 국가 운명까지도 가로막을 수 있다.

공유 서비스

필요한 물건을 소유한 사람과 나눠 쓸 수 있는 서비스다. 한번 생산된 재화나 서비스를 여러 사람이 공유해서 쓰는 협업 소비를 기본으로 한다.

Part 02

전쟁의
경제 세계사

고대에 가장
수익이 높았던 경제활동은?

: 전쟁에서 승리하는 데 꼭 필요한 것

대제국 페르시아는 그리스 연합보다 병력이 10배가 넘어 압도적으로 우세했지만, 강제 동원된 다국적 잡탕 군대였고 먼 거리를 이동해 보급에 곤란을 겪었다. 반면 그리스는 애국심이 투철한 자유민으로 구성되어 병력의 질이 달랐다.

영토 확장은 그만큼 부의 증가를 의미했다. 지중해를 둘러싼 패권 전쟁은 고대판 무역 전쟁이자 약탈 전쟁이었다. 힘이 곧 질서였던 시대에 전쟁은 위험하지만 가장 수익이 좋은 '남는 장사'였다.

지중해 패권 전쟁, 부잣집 주위에 도둑이 들끓다

'초콜릿 복근식스 팩'이 선명한 300명의 스파르타 전사들과 여심을 흔드는 '심쿵'한 카리스마의 레오니다스 왕은 프랭크 밀러의 동명 그래픽 노블만화 형식의 소설을 영화화한 잭 스나이더 감독의 2007년 영화 〈300〉의 상징이다. '역사상 가장 위대한 전사들이 온다'라는 광고 카피로 유명한 이 영화는 BC 480년 그리스-페르시아전쟁의 격전지였던 테르모필레전투를 그린 작품이다.

고대 페르시아 전성기의 왕 크세르크세스 1세는 그리스에 패퇴해 죽은 부친 다리우스 1세의 복수를 위해 30만 대군을 이끌고 직접 그리스 원정에 나섰다. 페르시아 대군은 그리스계 식민 도시를 제압한 뒤 부교浮橋를 이용해 연결한 700여 척의 배로 소아시아와 그리스 사이의 좁은 헬레스폰투스해협현재 다르다넬스해협을 건너 그리스로 들이닥쳤다. 이에 맞서 그리스 연합군의 1차 방어선으로 스파르타의 레오니다스 왕과 300명의 용사들이 테르모필레 협곡에 포진했다. 이 협곡은 한쪽은 산, 반대쪽은 낭떠러지여서 피할 곳이 없는 천혜의 요충지다. 그러나 아테네를 제압하려면 반드시 이 협곡을 거쳐야 했고, 그리스 입장에서도 이곳이 뚫리면 전체가 함락될 판이었다.

영화에서 스파르타 전사들이 불굴의 용기로 필사적으로 방어하다

전멸하고 페르시아군은 후퇴하는 것으로 그려진다. 그러나 실제 역사는 다르다. 선봉에 선 스파르타의 중무장 보병 300명 외에 다른 폴리스들이 보내온 4,000명의 병사가 후방을 맡았다. 레오니다스 왕은 옥쇄(명예나 충절을 위해 옥처럼 아름답게 부서지는 죽음)를 예상해 대가 끊길 염려가 없는 전사들만 선발했다. 이들은 페르시아군을 사흘간 저지했지만, 그리스의 배신자가 페르시아군에 협곡을 우회하는 샛길을 알려줘 포위되는 상황에 처했다. 그러자 레오니다스 왕은 떠날 병사들은 떠나게 하고 스파르타 300명, 테스피아이와 테베의 병사 등 1,400명으로 맞섰다. 그러나 급습을 당한 후방의 테베 병사 400명이 먼저 항복하고 말았다. 나머지 병사들은 앞뒤로 몰려든 페르시아 대군에 맞서 싸우다 전원 전사했다.

테르모필레 협곡을 통과하면서 군사 2만 명을 잃은 페르시아군은 평원을 지나 아테네에 입성했다. 하지만 아테네의 지도자 테미스토클레스가 육상 전투로는 이길 수 없다고 판단해 시민 전부를 살라미스섬으로 강제 이주시켜서 아테네에는 그리스 연합함대만 남아 있었다. 연합함대는 수적 열세에도 페르시아 해군을 좁은 살라미스해협으로 유인해 궤멸시켰다.

다 이긴 전쟁을 역전당한 크세르크세스 1세는 분노했지만, 때마침 본국에서 반란이 일어나자 고립될 것을 우려해 소아시아로 퇴각했다. 페르시아가 남겨둔 육군 20만 병력은 이듬해 플라타이아이전투에서 패하자, 그리스에서 완전히 축출되었다. 이후 페르시아는 그리

스 땅을 다시 밟지 못했다. 이것이 그리스-페르시아전쟁의 전개 과
정이다.

크세르크세스 1세가 그리스 원정에 또다시 실패하면서 곳곳에서
반란이 일어나는 등 페르시아 제국은 쇠퇴의 길에 접어들었다. 그리
스의 폴리스들도 아테네와 스파르타를 중심으로 자중지란에 빠져
서서히 힘을 소진했다. 페르시아와 그리스는 150년 뒤에 마케도니아
의 왕 필리포스 2세와 그의 아들 알렉산드로스대왕에 의해 모두 멸
망했다.

병력 수가 승패를 가르진 않는다

대제국 페르시아는 작고 만만한 그리스연합보다 병력이 10배나
많아 압도적으로 우세했다. 하지만 20만 대군이 300명의 스파르타
용사들에게 막혀 사흘간 지체했고, 결국 패퇴했다. 전쟁의 승패를 결
정짓는 것은 병사 수가 아님을 새삼 확인할 수 있다.

페르시아군은 제국 각지에서 강제 동원된 다국적 잡탕 군대였다.
먼 거리를 이동해 보급에도 곤란을 겪었다. 반면 그리스는 '내 땅은
내가 지킨다'라는 애국심 투철한 자유민으로 구성되었다. 병력의 질
이 달랐다. 전투지의 지리와 물살을 잘 아는 홈그라운드의 이점도 있
었다. 다만 폴리스 가운데 상당수가 페르시아군에 편입되거나 항복

해 적은 물론 동족과도 싸워야 했던 핸디캡이 있었다.

양측은 전술과 장비 면에서도 차이가 있었다. 페르시아는 당시 세계 최강인 기마대와 궁병弓兵으로 적을 제압하는 전술을 썼다. 근접전의 필요성이 적어 병사들은 방패, 갑옷 등을 별로 갖추지 않았다. 기마대는 평지에서 강력한 위력을 발휘했지만, 산과 계곡이 많은 그리스 땅에서는 별로 도움이 되지 않았다.

이에 반해 그리스의 전법은 팔랑크스Phalanx를 통한 백병전이다. 팔랑크스는 전쟁의 여신 아테나로부터 전수받은 전쟁 기술을 전파한 그리스신화 속 인물이다. 그의 이름을 딴 팔랑크스 대형은 길이 4~5m에 달하는 사리사창槍와 호플론방패으로 무장한 200여 명의 직사각형 밀집대형이다. 군대가 분열 행진하듯 일사불란하게 장창을 세우고 전진하면 마치 고슴도치 모양의 탱크와도 같았다. 병사들은 청동으로 된 투구, 가슴과 정강이 보호대로 중무장했다. 그러나 측면과 후면이 무방비여서 병사들의 단결과 팀워크가 무엇보다 중요했다. 자유민은 병역을 특권으로 여기고, 도망치는 것을 가장 비겁한 행위로 간주했다. 비겁자로 낙인찍히면 다시 그리스에 발붙이고 살기 어려웠다. 팔랑크스에 뼈저린 패배를 맛본 페르시아도 나중에는 이 전법을 모방했다.

경제력 면에서는 제국 곳곳에서 공물이 쏟아져 들어오는 페르시아가 유리했지만, 그리스도 운이 따랐다. 그리스-페르시아전쟁 직전인 BC 483년 아테네 부근 라우리온에서 은광이 발견된 것이다. 은이 있으면 은화를 발행해 급한 물자를 조달할 수 있는데, 아테네는 페르시아의 재침공에 대비해 배를 만들었다. 살라미스해전도 아테네가 미리 축조해둔 200척의 전함이 없었다면 결과가 달랐을 것이다.

고대에 가장 남는 장사는 전쟁

그리스-페르시아전쟁은 BC 5세기, 지중해 패권을 둘러싼 양대 세력의 피할 수 없는 한판 승부였다. 말과 낙타 외에는 변변한 운송 수단이 없던 시절, 육상 교역보다는 해상 교역이 훨씬 효율적이었다. 해상 교역이 중요했던 것은 지중해 연안의 생산물이 지역마다 편중되어 서로 부족함을 메우기 위한 교역이 필수였기 때문이다.

이를테면 그리스는 올리브와 포도가 잘 자라지만, 식량이 부족했다. 메소포타미아와 이집트는 식량과 금이 풍부했지만, 건축과 선박 건조에 필수 재료인 나무가 없었다. 반면 페니키아는 단단한 삼나무와 뿔고동에서 추출한 자줏빛 염료를 생산했다. 왕실의 위엄을 상징하는 자줏빛 염료는 워낙 귀해 1g 가격이 금 1g보다 10배 이상 비쌌다. 근대의 대항해시대에 '바다를 지배하는 자가 세계를 지배한다'라고 했듯이, 고대에도 지중해 교역을 지배하는 자가 최강자가 될 수 있었다.

가장 먼저 지중해를 누빈 것은 최초의 상업 민족인 페니키아인이었다. 레바논의 특산물인 단단한 삼나무가 이들의 원거리 항해를 가능하게 했다. 그들은 별자리를 보며 야간 항해도 했을 만큼 항해술이 뛰어났다. 페니키아인은 지중해 곳곳을 누비며 식민 도시를 만들고, 멀리 이베리아반도 끝의 지브롤터해협을 넘어 아프리카까지 항해했다. 고대인의 세계관에 비추어 보면 상상을 초월한 진취적인 행보였다. 페니키아인이 BC 13세기에 상거래 기록을 위해 발명한 문자는 알파벳의 모태가 되었다. 페니키아인이 그리스에 건설한 도시국가 테베는 나중에 힘이 빠진 스파르타를 제압하기도 했다.

BC 814년 페니키아의 도시인 티레의 디도 공주가 오늘날 북아프리카 튀니지 지역으로 이주해 식민지 카르타고를 세웠다. 근대 식민지와 달리 교통이 불편했던 고대 식민지는 사실상 독립국이나 다름없었다. 그리스-페르시아전쟁 때 페르시아 해군의 주력이던 페니키아 함대가 살라미스해전에서 패해 본국이 몰락한 반면, 멀리 떨어진 카르타고는 서西지중해 무역을 주도하며 부를 쌓았다. 카르타고는 로마와의 세 차례 포에니전쟁BC 264~BC 146 끝에 패망하기까지 약 700년을 존속했다.

그리스 폴리스들은 BC 8세기 들어 해양으로 진출했다. 폴리스들은 서로 끊임없이 대립했지만, 같은 언어를 쓰고 '헬라인그리스인'이라는 느슨한 동질감이 있었다. 고대 올림픽은 BC 776년 시작되었는데, 폴리스 간에 전쟁을 벌이다가도 멈추고 올림픽에 참가할 정도였다. 하지만 그리스는 토질이 식량 생산에 부적합해 시칠리아섬과 이탈리아 남부에 농업 식민지를 건설하면서 먼저 카르타고와 충돌했다.

그리스-페르시아전쟁 역시 인도 서부부터 터키까지 대제국을 건설한 페르시아가 지중해로 눈을 돌려 그리스와 충돌한 것이다. 고대 역사가들이 페르시아를 야만적으로 묘사한 것은 침략을 당한 입장이 반영되어 있다. 그러나 당시 페르시아는 이미 대제국을 이룬 선진 문명이었다. 물살이 빠른 헬레스폰투스해협에 30만 대군이 지날 수 있는 부교를 설치한 것만 봐도 건설, 토목, 측량 등의 기술수준을 짐작할 수 있다.

흑해 연안, 이집트, 인도 서부까지 광활한 내부 교역망을 확보한 페르시아가 지중해 해양 패권에 눈을 돌린 것은 자연스런 귀결이었다. 그리스가 해상무역으로 축적한 부를 탐냈던 것이다. 고대사는 곧 전쟁사라고 해도 과언이 아니다. 힘이 질서였던 시대에 전쟁은 위험하지만 가장 수익 높은 경제활동이었기 때문이다.

잘나가던 로마의
무상복지 정책은 왜 실패했을까?

: 지중해 최강국 로마가 몰락한 이유

정복 전쟁이 줄면서 군대 전역자 등 실업자가 늘어나자, 로마 황제들은 시민들에게 매달 한 달치의 빵과 콜로세움 무료 입장권을 주었다. 식량과 이벤트로 시민의 환심을 산 것이다. '빵과 서커스'로 대표되는 대중 인기 영합 정책은 제국의 쇠망을 가속화시켰다. 이는 정치 엘리트인 집정관·재무관·감찰관 등을 해마다 대중 집회에서 선거로 뽑은 것과도 무관하지 않았다.

철인(哲人) 황제에게서 난 망나니 아들

리들리 스콧 감독이 2000년 제작한 영화 〈글래디에이터〉에 등장하는 로마제국의 17대 코모두스재위 180~192 황제는 실존 인물이고, 막시무스 장군은 실제 인물을 토대로 한 가공 인물이다. 코모두스는 *오현제五賢帝의 마지막 황제인 마르쿠스 아우렐리우스의 아들로, 부친이 황제일 때 태어나 다음 황제가 된 최초 인물이다. 그전까지는 주로 조카, 양자, 부하 등이 황위를 이었다.

오현제

로마제국의 전성기에 가장 뛰어났던 다섯 명의 황제인 네르바, 트라야누스, 하드리아누스, 안토니누스 피우스, 마르쿠스 아우렐리우스를 말한다.

마르쿠스 아우렐리우스는 《명상록》을 쓴 스토아학파금욕주의의 철학자이기도 해서 '철인哲人 황제'란 별칭을 얻었다. 하지만 그의 아들 코모두스는 3대 칼리굴라, 5대 네로보다 더 야만적이고 잔혹한 최악의 황제로 로마 역사에 기록되었다. 코모두스는 어려서부터 공부보다 검투와 격투기에 관심이 많았다. 실제로 그는 사자 가죽을 뒤집어쓴 헤라클레스로 분장하고 검투사로 나서기도 했다.

글래디에이터는 라틴어로 검투사를 뜻하는 '글라디아토르gladiator'의 영어식 발음이다. 로마 군대가 사용한 검인 글라디우스gladius를 쓰는 사람이라는 의미다. 글라디우스는 그리스와 켈트족에서 유래해

BC 2~3세기 로마와 카르타고의 포에니전쟁 때 완성되었다. 스페인 중부 톨레도의 강철로 만들어 '스페인 검'으로도 불렸으며, 길이 1m 미만의 양날 검으로 찌르고 벨 수 있어 근접전에 유리했다. 글라디우스는 제국 말기까지 로마 군단의 필수 장비였다.

로마 군단은 그리스의 장창 부대인 팔랑크스를 응용해 120명10줄 × 12열을 기본으로 한 밀집대형을 주로 사용했다. 전투 상황에 따라 부대 편제를 달리하는 융통성을 뒀다. 성서에 자주 등장하는 백인대장은 이 부대를 지휘하는 중대장급 지휘관이다. 그리스의 팔랑크스가 측면과 후방이 무방비였던 것과 달리 로마 군단은 스쿠툼scutum이라는 커다란 방패로 사방을 방어하며 전진했고, 대형을 3단으로 배치해 위력을 배가했다. 적에게는 탱크가 계속 밀려오는 것과 다름없었다. 먼저 밀집대형으로 전진하다 가까워지면 창을 던져 적진을 무너뜨린 뒤 백병전에서 글라디우스로 적을 제압했다. 밀집대형은 한 귀퉁이가 무너지면 위험해진다. 그러나 투철한 애국심으로 무장한 자유민으로 구성된 군대였기에 단결력과 팀워크에서 로마 군단을 당해낼 적수가 없었다.

'빵과 서커스'라는 번영의 역설

지중해 최강국인 로마제국은 왜 급전직하로 추락했을까? 어리석고 힘만 센 황제 한 명이 천년 제국을 망칠 수 있을까? 역사적으로 강대국의 몰락은 외부의 적보다는 내부 분열, 기강 해이에서 시작된다. 로마도 마찬가지다.

로마가 급성장한 전반기에는 검약과 강건함, 노블레스 오블리주로 똘똘 뭉친 나라였다. 그 점이 숱한 전쟁에도 굴하지 않고 팽창할 수 있었던 힘이었다. 로마는 그리스의 폴리스들이 바다로 진출하던 BC 8세기에 이탈리아반도 중부의 작은 도시국가로 뒤늦게 출발했지만, 카르타고와 세 차례나 포에니전쟁을 치르며 집정관과 귀족 자제 등이 수십 명이나 전사할 정도로 지도층의 솔선수범이 당연시된 나라였다.

하지만 평화와 안정기에 접어들자 로마는 '번영의 역설'에 직면했다. 번영의 끝은 곧 쇠퇴의 시작이었다. 본래 로마인은 소식小食을 했지만, 점점 과식과 폭식을 즐겼다. 먹기 위해 산다고 할 정도였다. 또 검투사들의 잔혹한 싸움에 열광했다. 곳곳에 들어선 공중목욕탕, 폼페이 유적에서 발견된 홍등가도 초호황을 누렸다. 동성애와 성적 쾌락, 호화 별장, 먹고 토하고 또 먹는 만찬 문화, 산해진미와 와인, 폭력과 잔혹성, 광적인 수집 열풍 등이 만연했다.

'빵과 서커스bread and circuses'로 대표되는 황제들의 대중 인기 영합 정책은 제국의 쇠망을 가속화시킨 요인이 되었다. '빵과 서커스'는 1세기에 로마 시인 유베날리스가 풍자시에서 언급한 표현이다. 황제들은 로마 시민에게 매달 한 달치 빵과 콜로세움원형 격투장 무료 입

장권을 주었다. 정복 전쟁이 줄면서 군대 전역자 등 실업자가 늘어난
데 대한 일종의 무상 복지 정책이었다. 이는 정치 엘리트인 집정관,
재무관, 감찰관 등을 해마다 대중 집회에서 선거로 뽑은 것과도 무관
하지 않았다.

'국민 스포츠'가 된 검투사 경기, 본래 의미는 사라져

코모두스는 반대 세력의 사주를 받은 근위병에게 암살되었다. 새
황제로 옹립된 페르티낙스는 조급하게 개혁을 시도하다 즉위 86일
만에 암살되었다. 뒤이은 디디우스 율리아누스 황제도 고작 66일 만
에 제거되었다. 이후 약 50년간 공동 황제를 포함해 황제가 26명이
나 바뀐 '군인황제시대AD 235~284'를 거치며 제국은 더욱 수렁으로 빠
져들었다. 평균 2년 한 번 꼴로 황제가 바뀌니 나라 꼴이 제대로 돌아
갈 리 없었다.

검투사인 글라디아토르는 '서커스 정책'의 대표적인 산물이다. 검
투사는 주로 범죄자, 전쟁 포로, 노예 출신의 프로 싸움꾼이었지만,
돈과 명성을 위해 자발적으로 나선 평민이나 귀족도 있었다. 그래도
코모두스처럼 황제가 직접 검투사로 나선 것은 극히 이례적이었다.
맹수를 상대하는 검투사는 '베스티아리'라고 불렸다. 검투사 경기는
목숨을 건 싸움이기에 전문 교습소에서 검투사를 육성했다.

검투사 경기는 원래 에트루리아인이 전사자의 영혼을 달래는 종교적 의례였다. 그들은 적대국의 포로끼리 싸움을 붙여 피를 흘리면 전사자의 영혼이 정화된다고 여겼다. 검투사 경기는 BC 3세기 중반에 로마로 유입되어 종교적 의미는 사라지고 잔혹한 싸움만 남았다. 디오클레티아누스 황제재위 284~305 때는 원형 경기장에 맹수를 풀어 기독교도 3,000여 명을 참살한 적도 있다. 검투사 경기는 제국 말기에 금지될 때까지 약 650년간 로마 시민에게 최상의 볼거리를 제공한 국민 스포츠였다.

로마는 인구 100만 명이 넘는 최초의 밀리언 시티였지만, 인구의 90%가 노예와 외국인속주민이었다. 노예는 귀족의 일상적인 시중을 드는 것에만 종사한 게 아니라 비서, 사무원, 회계사, 가정교사, 작업장 노동 등을 담당했다. 속주민은 로마 시민이 기피하는 상업이나 용병으로 종사했다. 하지만 로마 시민은 세금이 면제되었고 '빵과 서커스'를 누릴 권리도 가졌다.

'빵과 서커스'는 생산적인 활동과는 무관하다. 국가재정에는 당연히 큰 짐이 될 수밖에 없었다. 그럼에도 한 번 자극에 길들여진 시민들은 더 강한 자극을 원했다. 황제들은 앞다퉈 콜로세움과 전차 경기장인 키르쿠스를 세우고 더 많은 서커스를 제공했다. 80년 수도 로마에 건립된 콜로세움의 검투사 경기와 BC 50년 건립되어 계속 증축했던 키르쿠스 막시무스의 전차 경주는 최고의 볼거리였다. 영화〈벤허〉를 찍은 키르쿠스 막시무스는 최대 15만 명을 수용했다고 한다.

실패가 예견된 세계 최초의 가격통제 실험

로마가 이처럼 흥청망청할 수 있었던 것은 절대 우위의 군사력에 기반했다. 지중해 연안을 정복해 획득한 방대한 속주屬州에서 온갖 물품과 사치품이 쏟아져 들어왔다. 공물이 넘쳐서 로마 시민은 세금을 낼 필요가 없을 정도였다. 먹고 살 만해지면 으레 오락과 미식에 관심이 커진다. 지금도 로마 유적지에서 가장 흔히 발견되는 게 와인 저장용 대형 술병인 엠포라이다. 정복과 약탈로 대제국을 이룬 로마인에게 더 이상 금욕과 절제의 미덕은 존재하지 않았다. 연중무휴 24시간 '놀자판'으로 치달은 것이다.

결국 '빵과 서커스'로 바닥난 국가재정을 메우기 위해 황제는 속주들에 혹독한 세금을 물렸다. 세금이 높아지는 데 비례해 상거래가 위축되고 속주들의 반란도 빈번해졌다. 진짜 가혹한 세금은 물가가 뛰는 인플레이션이었다. 인플레이션은 한꺼번에 밀려오는 적들처럼 피할 수도 없었고, 가진 재산을 슬그머니 사라지게 했다.

황제들은 금화와 은화를 만드는 데 금은의 함량을 낮추는 수법으로 화폐주조 차익인 *시뇨리지seigniorage를 챙겼다. 고대의 화폐는 함유된 귀금속의 가치가 액면가와 같다는 것을 전제로 통용되었다.

시뇨리지

화폐의 액면가와 제조 비용의 차이를 뜻하며 정부나 중앙은행이 화폐를 찍어내면서 얻는 이익을 가리킨다. 1만 원짜리 지폐를 만드는 데 비용이 1,500원 든다면 나머지 8,500원이 시뇨리지다. 화폐주조 차익, 또는 주조이익으로 번역한다. 중세 봉건영주, 즉 세뇨르(seignior)들이 금화에 값싼 구리를 섞어 만들어 그 차익을 챙긴 데서 유래했다.

화폐의 귀금속 함량이 줄면 당연히 실제 가치는 액면가보다 낮아지게 마련이다. 같은 돈으로 살 수 있는 물품이 줄게 되어 사람들은 화폐를 믿지 않게 되었다. 그 결과 물가가 폭등하고, 화폐 거래를 기피하는 대신 물물거래와 암시장이 성행했다. 급기야 디오클레티아누스 황제는 화폐개혁을 통해 기존 대표 화폐인 데나리우스^{은화} 사용을 금지하고 순도 100%인 새 은화와 동화를 발행했지만, 무너진 화폐 신뢰도를 회복하지 못했다. 물가가 계속 뛰자 황제는 가격통제^{물가 통}^결 칙령까지 내렸다. 모든 상품의 가격 상한선을 정해놓고 이를 어기면 엄벌하는 내용이었다. 하지만 가격을 억지로 찍어 눌러서 성공한 나라는 어디에도 없다. 암시장이 더 커지자 330년 콘스탄티누스 1세^{황제재위 306~337}가 제국 재건을 명분으로 수도를 콘스탄티노폴리스^이^{스탄불}로 옮겼다. 이때 로마에 있던 금을 대부분 가져가면서 경제는 더욱 초토화되었다. 로마가 394년 동서로 분할되고, 5세기 게르만족의 잇단 침략으로 서로마가 멸망하기 훨씬 전부터 제국은 안에서부터 무너지고 있었던 셈이다.

병역 면제세는 왜
중세에 활성화되었을까?

: 신뢰도가 가장 높은 유럽 최강의 스위스 용병

봉토를 받은 중세의 영주는 토지에서 나오는 수입을 챙길 권리와 함께 군사·사법·행정적으로 왕에게 봉사할 의무가 있었다. 하지만 왕이 군대를 소집하면 병역의무를 돈으로 때우는 일이 많았다. 이러한 병역 면제세를 '스쿠타지'라고 한다.

왕은 스쿠타지 수입으로 용병 기사들을 고용했는데, 그중 가장 유명한 용병이 스위스 용병이다. 스위스 용병은 13~15세기 유럽 최강이었고, 신뢰도도 가장 높았다. 그들은 고용주와의 계약과 신의를 목숨처럼 여겼다. 개인의 이익을 위해 싸운 다른 나라 용병들과 확연히 구분되는 특징이다.

고급 백수를 위한 중세판 고용정책, 용병

영어에서 프리랜서freelancer는 특정 집단이나 기업에 소속되지 않은 자유 직업인을 총칭한다. 주로 자유기고가, 소속된 곳이 없는 기자, 배우, 개발자 등을 가리킨다. 우리말로 프리랜서라고 쓰지만, 영어로는 '프리랜스freelance 작가' '프리랜스 배우'처럼 쓰는 게 일반적이다. 무소속 정치인, 일용직 노동자도 넓은 의미에서 프리랜서에 속한다.

프리랜서는 고용주가 누구든 상관없이 맡겨진 일을 하고, 그 대가를 받는다. 일이 있는 곳을 찾아 여기저기 옮겨 다니므로 정해진 직장이 없고, 일이 없으면 보수도 없다. 이처럼 자유로운 고용 형태는 4차 산업혁명 시대에 보편적인 형태가 될 것이란 예측도 있다.

현대의 프리랜서는 자유 계약직이지만, 그 어원에는 흥미롭게도 중세 역사가 녹아 있다. 프리랜서는 'free'와 'lancer'의 합성어다. 랜서는 '랜스lance를 쓰는 사람', 즉 중세의 용병을 가리킨다. 랜스는 로마제국 후기에 군대에서 사용한 짧은 투창인 '랑케아lancea'가 어원이다. 중세 기사들이 마상 시합 때 손에 들고서 마주보고 달리며 일합을 겨룰 때 쓰는 게 랜스다. 마상 시합은 '주스트joust, 1대1 대결' 또는 '토너먼트tournament'라고 불렀다. 오늘날 스포츠 토너먼트가 여기서 유래했다. 그러나 정작 중세 때는 프리랜서라는 용어가 존재하지 않았다. 19세기 초 영국 소설가 월터 스콧이 쓴 소설 《아이반호》에서 중세 용병들을 '프리랜스'로 지칭한 것이 시초다. 이 소설에서 사자왕 리처드의 귀환에 동요하는 존 왕의 한 가신이 소집한 용병들을 '프리랜스'라고 부르며 "그 창은 어떤 주군에게도 헌신을 맹세하지 않는다"라고 한 것이 그 유래다.

중세의 왕이나 영주가 기사를 용병으로 고용할 때는 랜스 단위로 계산했다. 랜스는 중세 군대의 기본 단위로, 1개 랜스는 창을 든 기사 1명랜서과 이 기사를 지원하는 궁수와 말, 갑옷, 방패 등을 관리하는 보조 병력 등 6~9명으로 이루어졌다. 기사가 전투에 나가기 위해 완전무장할 경우 갑옷만 30~40kg에 달했다. 여기에 투구 칼 창 갑옷 속에 입는 비늘 같은 철제 방어복인 미늘 등을 합치면 총 70kg이 넘었다. 성인 남자 한 명을 업고 싸우는 격이었다. 움직임이 둔할 수밖에 없고, 혼자서는 말을 타고 내리기도 힘들 정도였다. 대신 웬만해서는 치명상을 입지 않는 장점도 있었다. 경무장(권총이나 소총 같이 주로 혼자서 다룰 수 있는 무기로 무장하는 일) 기마대 위주인 몽골군에게 속수무책 당할 수밖에 없었지만 말이다.

기사는 소년 시절부터 기사에게 필요한 무예, 학문, 예의범절 등을 익혀 실력이 쌓이면 기사 작위를 받을 수 있다. 그러나 당시 말과 갑옷은 워낙 비싸 아무나 갖출 수 있는 장비가 아니었다. 주로 귀족의 자제들이 기사가 되었지만, 말과 장비를 유지할 경제력이 없으면 빚에 쪼들렸다. 때문에 용병 모집은 고급 백수들에게 일자리를 제공하는 중세판 고용정책과 다름없었다.

병역을 돈으로 때운 기사 · 돈으로 용병을 사는 왕

고대 시민병, 근대 상비군과 달리 중세에 특히 용병이 성행한 것은 시대적 · 경제적 배경과 연관이 깊다. 봉건제도는 476년 서로마제국이 멸망한 후 중앙집권이 지방분권으로 바뀌면서 형성된 게르만족 국가들의 독특한 정치 · 경제 체제다. 왕은 토지, 즉 봉토封土를 영주와 가신 등 봉신封臣에게 주고 충성, 봉사, 납세 서약을 받았다. 영주는 다시 기사와 그런 주종 계약을 맺었다. 농노는 봉토에 딸린 부속물이나 다름없어 거주 이전이나 직업 선택의 자유가 없었다. 대장장이 아들은 대장장이Smith, 구두공 아들은 구두공Shoemaker, 제빵업자 아들은 제빵업자Baker가 되어야 했다. 중세 때 한 집안이 대대로 이어갔던 직업은 당시 이름만 있고 성은 없던 서민의 성씨 유래가 되었다.

봉토는 본래 세습할 수 없었지만, 10세기 들어 세습 토지로 변질되었다. 게르만족은 장자長子 상속 전통이 강해 다른 자식들은 빈털터리나 다름없었다. 수입이 보장된 용병 자리가 있으면 적극 가담하게 된 이유다. 당시 현실은 유럽 전래 동화에 유독 '백마 탄 왕자'가 자주 등장하는 것에서도 엿볼 수 있다. 왕자라면 궁궐에서 시종들의 시중을 받으며 호의호식해야 할 텐데 산적과 강도가 우글대는 숲속을 홀로 떠돌아다니는 게 영 어색하다. 장자가 아니어서 토지 상속권이 없는 왕자나 영주의 아들에게는 외동딸만 있는 주변국 왕 또는 영주의 사위가 되는 게 최상의 인생 역전이었기 때문이다.

봉토를 받은 영주는 토지에서 나오는 수입을 챙길 권리를 갖고 군사·사법·행정적으로 왕에게 봉사할 의무도 있었다. 외적의 침입에 대한 대처와 전쟁 비용을 국왕과 영주들이 분담하는 시스템인 것이다. 하지만 예비군 소집이 그렇듯이 봉신들에게 왕의 군대 소집은 돈이 안 되고 귀찮은 일이었다. 또한 이런 시스템은 방어에는 유리해도 확장성을 갖기 어려웠다. 9세기 프랑크왕국이 분열되고, 전쟁이 빈번해지면서 공격용 프로 군사 집단의 필요성이 대두된 이유다. 국왕은 상비군이 필요한데 가진 게 많은 봉신들은 전쟁터에 나가기보다는 현상 유지를 원했다. 그런 이해관계가 맞아떨어져 봉신과 기사가 병역의무를 돈으로 때우는 병역 면제세인 '스쿠타지scutage'가 등장했다. 왕은 스쿠타지 수입으로 용병 기사들을 고용했다.

용병 기사는 12~14세기에 전성기를 맞았다. 당시 잉글랜드에서 기사의 80%가 병역 대신 스쿠타지를 낼 정도였으니 용병 수요도 그만큼 컸다. 중세 국가 간, 영주 간 전쟁도 실상은 용병끼리의 전쟁이었다. 프로 싸움꾼인 이들은 평시에는 무술 연마에 치중하고, 전쟁에 나가 이기고 돌아오면 큰 배당을 받았다. 반면 싸움에 지고 포로가 될 경우 엄청난 배상금을 지불하기도 했다. 늘 돈을 좇는 특성은 용병을 뜻하는 영어 단어 'mercenary'에서도 발견된다. 이 단어는 형용사로 쓰일 때 '돈을 버는 데만 관심있는'이라는 뜻이 된다.

돈만 좇다보니 서로 적대적인 세력 사이를 오락가락하는 일도 종종 벌어졌다. 용병이 간에 붙었다 쓸개에 붙었다 한다는 소문이 나면 고용 수요가 확 줄겠지만, 충성 맹세를 한 군대가 아니므로 뭐라고 할 수도 없는 노릇이었다.

"내가 도망치면 후손의 일자리가 없다"

중세 용병 부대 중에 가장 유명한 것이 스위스 용병이다. 스위스 용병은 13~15세기 유럽 최강이었고, 신뢰도가 가장 높았다. 척박한 알프스 산지에 자리잡은 스위스는 무역과 상업이 발달하기 어려운 유럽 최빈국이었다. 지금이야 정밀 산업, 제약, 명품 등으로 초고소득 국가가 되었지만, 중세 스위스는 '용병 파견업'이 국가의 유일한 산업이나 다름없었다. 일자리를 찾기 힘든 스위스의 건장한 청년들에게 수입이 좋은 용병은 선망의 대상이었다. 다른 대안이 없기에 스위스 용병들은 고용주와의 계약과 신의를 목숨처럼 여겼다. 총이 등장하기 전까지 파이크창창와 할버드도끼와 칼을 합친 무기로 무장한 스위스 용병은 배신하지 않고 목숨을 걸고 싸우는 최고의 용병으로 인식되었다. 개인의 이익을 위해 싸운 다른 나라 용병들과 확연히 구분되는 특징이다.

스위스 용병은 백년전쟁, 이탈리아전쟁 등에서 위용을 떨쳤고, 로마 교황도 이들을 적극 고용했다. 특히 1527년 신성로마제국 황제 카를 5세가 병사들의 급료 지급을 위해 로마 약탈에 나섰을 때의 일화가 유명하다. 교황령을 지키던 다른 나라 용병들은 다 도망쳤지만, 스위스 근위대 500명은 고작 42명이 남을 때까지 자리를 지켰다. 교황 클레멘스 7세가 이들에게 고국으로 돌아가라고 했지만, 결국 끝까지 싸우다 전부 전사했다. 그 덕에 교황은 무사히 피신했고, 이후 교황령에서는 스위스 용병만 고용했다. 오늘날까지 바티칸의 경비를 스위스 근위대가 맡고 있는 이유다.

1792년 프랑스혁명 당시에 루이 16세와 마리 앙투아네트가 머물던 튈르리궁을 지키던 스위스 용병 786명도 모두 전사했다. 자신들이 도망치면 후손들이 용병 일자리를 구할 수 없을 것이라는 이유에서 끝까지 남았다고 한다. 스위스 루체른에 있는 '빈사의 사자상'은 이들의 영혼을 위로하기 위해 만들어졌다.

스위스 용병의 활약상에 고무된 신성로마제국의 영주들은 15~16세기 용병 부대인 '란츠크네히트Landsknecht'라는 용병을 육성했다. 란츠크네히트는 고지대 용병인 스위스 용병과 비교해 '저지대Land의 시종Knecht'이란 뜻에서 붙여진 이름이다. 이들은 스위스 용병처럼 파이크로 무장하고, 밀어붙이는 전술도 모방했다. 스위스가 1515년 영세중립국을 선포한 뒤 스위스 용병이 왕립 프랑스군에서

만 일하게 되자, 란츠크네히트는 돈을 주는 곳이면 어디든 달려갔다. 스위스 용병과 자주 싸웠고, 심지어 신성로마제국의 적에도 고용되어 동족끼리 전쟁도 마다하지 않았다. 이들의 복장은 화려하기로 유명해 훗날 남성복 패션에 영향을 미쳤다.

용병은 르네상스 시기에도 위용을 떨쳤다. 이탈리아 북부의 주요 도시들은 있는 게 돈뿐이었기에 앞다퉈 용병을 고용했다. 하지만 16세기 후반 들어 용병의 위상이 급속히 떨어졌다. 근대 절대군주들이 상비군을 선호해 용병 수요가 줄었기 때문이다.

자유무역이 이득인 줄 알면서도
보호무역의 장벽이 높아지는 이유는?

: 세계 경제를 바꾼 나폴레옹의 대륙봉쇄령

대륙봉쇄령에는 영국의 시장독점을 깨기 위한 프랑스의 의도가 깔려 있었다. 하지만 이미 영국의 생산력이 유럽의 모든 나라를 앞지른 상태여서 러시아는 물론 프로이센·네덜란드·이탈리아·스페인 등은 영국과의 교역 없이는 경제를 유지하기 어려웠다.

그러나 대륙봉쇄령의 긍정적인 효과도 있었다. 8년의 대륙봉쇄 기간 중 산업혁명에 뒤처진 나라들이 자국 산업을 키울 시간을 번 것이다.

강한 군대도 먹어야 싸울 수 있다

유럽 열강들은 식민지를 확대하는 과정에서 1756년부터 1763년 까지 7년전쟁을 벌였다. 유럽 국가 간의 1차 세계대전이라 할 이 전 쟁에서 패한 프랑스는 인도, 북아메리카 등의 식민지를 잃었다. 그 후유증으로 1789년 프랑스혁명이 터졌고, 뒤이어 혁명전쟁과 이탈 리아 원정1792~1802이 전개됐다. 이런 혼란기에 나폴레옹이 1799년 11월 9일 쿠데타를 일으켰다. 11월 9일은 프랑스혁명력으로 '안개 달'이라는 의미의 두 번째 달인 브뤼메르 18일이다. 날짜를 따 '브뤼 메르 18일'이라고 부르는 이 쿠데타로 집권한 나폴레옹은 고양된 혁 명 에너지를 나라 밖으로 돌렸다. 나폴레옹은 국민 개병제에 따라 징 집된 150만 대군최대 300만 명까지 증가, 누구보다 빠른 기동력, 알프스를 넘 는 등 변화무쌍한 전술에 힘입어 파죽지세로 유럽을 장악해 나갔다. 이것이 2차 유럽 대전인 나폴레옹전쟁1803~1815이다.

하지만 19세기 초에도 군대의 이동 수단은 말 또는 도보 행군이었 다. 2000년 전 로마 군대와 다를 게 없었다. 나폴레옹 군대는 주력이 보병이었기에 기동력을 유지하려면 병사의 개인 장비를 줄이고 강행 군하는 것뿐이었다. 문제는 보급도 뒤따라야 하는데, 원정 거리가 길 어질수록 보급도 멀어진다는 점이었다. 전투는 총과 대포로 금방 결판이 나더라도 전쟁은 속전속결이 불가능했다. 국가 간 총력전은 더 길어졌고, 그럴수록 보급과 병참이 승패의 결정적인 변수가 되었다.

임용한의 《세상의 모든 전략은 전쟁에서 탄생했다》에 따르면 나폴레옹도 이미 이런 문제를 인식해 병참 조직을 체계화하고 병사들에게 식량을 충분히 제공했다. 그는 상금을 걸고 음식을 오래 보관할 수 있는 방법을 공모하기도 했다. 그러나 병사에게 지급된 빵은 베개로 쓸 만큼 딱딱했고, 고기 야채 등은 바로 먹을 수 없었다. 이것저것을 다 넣고 끓여야 그나마 먹을 만했는데, 그럴수록 행군 속도는 느려졌다. 결국 현지 조달로 방향을 틀었다. 나폴레옹 군대가 식량 조달이 쉬운 지역과 어려운 지역에서 전과가 달랐던 이유다.

결국 나폴레옹전쟁은 프랑스의 속공을 반反프랑스 동맹군이 어떻게 저지하느냐가 승패를 갈랐다. 파죽지세이던 나폴레옹이 몰락하게 된 러시아 원정1812~1814이 그런 경우다. 러시아가 나폴레옹의 대륙봉쇄령1806~1814을 어기고 영국과 무역을 재개하자 나폴레옹은 1812년 6월 60만 대군을 이끌고 러시아를 침공했다. 수적으로 열세였던 러시아 군대는 후퇴를 거듭했지만, 나폴레옹의 약점을 알고 있었다. 그래서 나폴레옹 군대의 현지 조달을 원천봉쇄하는 이른바 '초토화焦土化 작전'을 구사했다.

초토화는 전쟁에서 적에게 사용될 가능성이 있는 모든 것을 파괴하는 전략이다. 러시아군은 불을 질러 집과 풀, 식량 한 톨 남겨놓지 않고 후퇴했다. 이로 인해 나폴레옹 군대는 3개월 만에 모스크바에 입성할 만큼 빠르게 진격했지만, 말을 먹일 풀도 없어 기마대가 와해되고, 병사들은 굶주림에 시달렸다. 사람이든 말이든 먹지 못하면 싸울 수 없다. 초토화 작전은 2차 세계대전 때 히틀러와 스탈린의 독·소 전쟁에서도 그대로 재연되었다.

방어에 치중하는 농성전은 대개 초토화 작전, 즉 청야淸野 전술을 수반한다. 청야는 청야수성淸野守城을 의미한다. 일단 전쟁이 벌어지면 들판의 곡식을 모두 거둬들여 성에 저장하고 우물도 막는 것이다. 고구려가 수·당의 대군을 물리칠 수 있었던 것도 이런 청야 전술을 폈기 때문이다. 이렇게 되면 장기전이 될 수밖에 없어 공격하는 측이 불리해진다. 그러나 청야 전술은 주민의 반발, 회복까지의 후유증 등 단점이 적지 않다. 적이 탁월한 기동력을 가졌거나 아예 눌러앉아 농사를 지으며 장기전에 적응하면 무용지물이 될 수도 있다.

결국 나폴레옹 군대는 러시아군의 반격과 점령지 유격대의 기습으로 고전을 면치 못하다 겨울 맹추위까지 닥치자 전의를 상실하고 퇴각해야 했다. 승승장구하던 나폴레옹에게는 치명적 타격이었다. 불과 6개월 새 핵심 전력을 잃은 나폴레옹은 이후 계속 수세에 몰린 끝에 워털루전투[1815]에서 패하며 몰락했다. 이후 1880년 차이콥스키는 이 러시아의 승리를 기념해 대포 소리가 웅장한 〈1812년 서곡〉을 지었다.

8년간의 대륙봉쇄, 보호무역의 원조가 되다

나폴레옹은 개전 직후인 대륙에서는 승승장구했지만, 바다는 넘지 못했다. 그는 1805년 영국을 침공하려다 트라팔가르해전에서 넬슨 제독에게 저지당했다. 프랑스 해군 함정 22척이 침몰했지만 영국 해군은 한 척도 파괴되지 않았을 만큼 완패였다. 나폴레옹은 영국을 고립시키기 위해 대륙봉쇄령1806이라는 극단적인 카드를 꺼내들었다. 영국과 교역하는 나라에 미리 선전포고한 것이다.

나폴레옹에게 대륙봉쇄령은 충분히 선택할 만한 전략이었다. 당시 영국은 산업혁명이 왕성하게 진행 중이었다. 면직물 수출로 경제가 급성장했고 증기기관 등의 발명이 속출했던 시절이다. 따라서 영국의 무역을 봉쇄하면 치명타를 입힐 수 있다는 시각은 근거가 없지 않았다. 실제로 영국은 대륙봉쇄령 탓에 경제적으로 심각한 어려움에 처했다. 영국 상선이 공격당하고, 생활이 어려워진 국민의 불만이 고조되었으며 1812년에는 미국과 전쟁까지 벌어졌다. 하지만 영국은 산업혁명으로 생산력이 비약적으로 증대되어 쉽사리 무너지지 않았다.

영국은 전시 특별세로 신설된 소득세를 걷어 전비를 감당했다. 또한 스페인 무적함대를 무찌른 세계 최강의 해군이 건재했다. 영국은 나폴레옹의 대륙봉쇄에 맞서 프랑스와 동맹국 간의 교역을 막는 역逆 해상 봉쇄에 나섰다. 프랑스와 동맹국들도 생필품 부족, 물가 폭등으로 극심한 어려움에 처했다. 결국 스웨덴 포르투갈 등이 대륙봉쇄령을 거부하기에 이르렀고, 1810년 러시아마저 영국과 무역을 재개했다. 농업국인 러시아는 영국의 공산품 수입이 없으면 살기 어려운 처지였다.

대륙봉쇄령은 영국의 시장독점을 깨기 위한 프랑스의 의도가 깔려 있었다. 하지만 영국의 생산력은 유럽의 모든 나라를 압도한 반면 프랑스는 그럴 만한 생산 기반을 갖지 못했다. 러시아는 물론 프로이센, 네덜란드, 이탈리아, 스페인 등은 이미 영국과의 교역 없이는 경제를 유지하기 어려운 구도에 편입되어 있었다. 이런 판국에 다짜고짜 교역을 금지하니 반발이 생길 수밖에 없었다. 산업혁명으로 경제적 이해관계가 정치·군사적 이해관계를 압도하게 된 것이다.

하지만 유럽 대륙에 긍정적인 효과도 있었다. 8년간 계속된 대륙봉쇄 시기에 산업혁명에 뒤처진 나라들이 자국 산업을 키울 시간을 번 것이다. 마라톤에서 혼자 선두로 나선 선수를 멈춰 세워 놓은 것과 마찬가지였다. 영국의 질 좋고 저렴한 면직물 수입이 금지된 동안 다른 유럽 국가들과 미국은 영국과의 격차를 어느 정도 만회할 수 있었다. 이런 경험은 자유무역이 이득인 줄 알면서도 수시로 보호무역의 장벽을 높이는 계기가 되었다. 군대는 기병에서 포병 중심으로, 동력은 마차에서 증기기관차로 탈바꿈한 것도 나폴레옹전쟁이 가져온 변화다.

경제와 생활 모습을 바꾼 전쟁과 군대

군대의 보급 문제는 지휘관들의 심각한 고민거리였다. 보급대가 따라올 수 없는 기동전에는 휴대용 전투식량이 필수다. 전투식량은 우선 보관과 휴대가 간편해야 하고 영양도 충분해야 한다. 로마 군대는 오늘날 비스킷의 원조라 할 비스코티를 공급했다. 딱딱한 과자 형태여서 물에 불리거나 죽처럼 끓여 먹었는데 맛이 형편없었다고 한다. 육식을 즐기는 게르만 용병들이 유입되면서 고기를 소금에 절인 염장육류가 공급되었다.

최고의 기동력을 자랑한 몽골군은 보급을 기대할 수 없는 속도여서 일찌감치 다양한 전투식량을 활용했다. 소나 양고기를 말안장에 깔고 다녀 육포처럼 만들었고, 소 한 마리를 삶아 가루로 만들어 돼지 방광에 넣어 갖고 다니는 보르츠도 개발했다. 필요할 때 물에 타 먹으면 되는 보르츠는 병사 한 명의 반년 치 식량으로 너끈했다. 병사 1인당 말을 여러 필을 끌고나가 갈아타면서 먹을 게 없는 위급 상황에서는 말의 피를 먹기도 했다. 옛 중국의 군대도 찐 쌀이나 콩을 미숫가루 형태로 만들어 휴대했다.

나폴레옹 시대에는 병조림이 등장했다. 1804년 전투식량을 저장할 방법을 공모한 결과 한 제빵업자가 조리한 식품을 병에 밀봉 저장하는 방법을 개발해 상금을 받았다. 그러나 병조림은 음식 보존상태가 좋지 못했고, 병이 무겁고 잘 깨져 실용화하지 못했다. 오히려

1810년 영국의 피터 듀란드가 유리병 대신 가볍고 견고한 양철 용기를 고안한 것이 통조림의 원조가 되었다.

미군은 1차 세계대전 때 염장 고기, 초콜릿 등의 통조림으로 구성된 야전 식량인 아이언 레이션iron ration을 보급했다. 2차 세계대전과 6·25 때의 대표적인 전투식량은 C-레이션이다. C-레이션은 야전 식량의 C타입을 가리킨다. A타입은 조리해야 먹을 수 있는 보통 식재료, B타입은 약간의 조리만 필요한 식품, C타입은 즉시 먹을 수 있는 식품을 의미한다. 1981년에는 부피와 무게를 확 줄인 레토르트 형태의 MREmeal ready to eat가 개발되어 미군의 전투식량으로 널리 쓰이고 있다. 전투식량을 비롯해 군복, 보급품 등 군용품은 일반 상품으로도 개발되어 일반인에게도 낯설지 않다. 이렇듯 전쟁과 군대는 경제사와 생활사의 상당 부분을 바꿔놓았다.

바다를 지배하는 자가
세계를 지배할 수 있었던 까닭은?

: 중세 지중해를 누빈 갤리선과 근대 해양 패권을 움켜쥔 갈레온

중세 이탈리아 도시국가, 특히 베네치아는 국가 주도의 갤리선 선단 체제를 구축해 14~15세기에 지중해 무역을 주름잡았다. 주로 사람의 근육으로 움직인 갤리선의 발전사가 곧 지중해 패권의 변천사나 마찬가지였다.

15세기 이후에 포르투갈 스페인 네덜란드 영국으로 이어진 근대의 해양 패권은 갈레온의 성능과 항해술이 좌우했다. 갈레온은 3~5개의 돛대와 삼각돛을 장착했고 갑판이 여러 층인 대형 범선이다. 갈레온은 군함뿐 아니라 무역선으로도 널리 활용되었다.

대형 전함이 없는 로마가 바다에서 이긴 비결

세계를 호령한 로마도 시작은 미약했다. BC 8세기 티베르 강변의 작은 도시국가로 출발해 2세기 거대 제국을 이루기까지 1000년간 악전고투의 연속이었다. 가장 취약했던 것이 바다였다. 카르타고와 일전을 벌인 1차 포에니전쟁BC 264~BC 241 전까지 로마는 놀랍게도 대형 전함이 한 척도 없었다. 이탈리아반도를 통일하는 동안에는 바다로 나갈 일이 없었기 때문이다. 기껏 강에서 쓰는 소형 전함 20~30척이 전부였다. 그런 로마가 대형 전함이 절실해진 건 바다로 눈을 돌리면서부터다.

로마의 첫 타깃은 당시 서지중해의 강자 카르타고가 장악한 시칠리아섬이었다. 로마는 대형 전함 100척 규모의 함대를 계획했지만 건조 기술도 해전의 노하우도 없었다. 그런데 운이 따랐는지 BC 260년 봄, 로마로 표류해온 카르타고의 5단 갤리선galley船을 나포해 이 배를 본떠 두 달 만에 갤리선 100척을 만들었다. 로마의 탁월한 모방 능력 덕이었다. 물론 배 모양은 형편없었고, 노 젓는 기술부터 배워야 했다. 해전 경험이 없던 로마 함대는 카르타고와의 첫 해전에서 비참하게 깨졌다. 심지어 사령관까지 포로로 잡혔다. 카르타고의 빠른 갤리선은 로마 갤리선에 바짝 붙어 지나갔다. 카르타고는 그렇게 로마 갤리선의 노를 부러뜨린 뒤 움직일 수 없게 만들고 옆구리를 들이받아 침몰시키는 전법을 썼다.

초기에 로마는 카르타고에 밀렸다. 그러나 로마인은 창의성과 실용성이 남다른 민족이었다. 정상 해전으로는 승산이 없다고 보고 코르부스corvus를 개발했다. 코르부스는 끝에 날카로운 송곳이 달린 긴 나무판자로 일종의 잔교棧橋였다. 로마군은 카르타고 갤리선 갑판에 코르부스를 내려박아 아군 배와 고정시킨 뒤 정예병이 이를 다리 삼아 타고 넘어가 백병전으로 제압했다. 코르부스로 해전을 육지 전투로 바꿔놓은 셈이다.

로마군은 이런 전술로 카르타고와의 해전에서 연이어 승리하며 시칠리아를 거쳐 북아프리카 카르타고로 진군했다. 한때 카르타고의 코끼리 부대에 고전하기도 했지만, BC 241년 트라파니해전에서 승리해 1차 포에니전쟁을 끝냈다. 카르타고의 갤리선을 모방한 것이 로마가 지중해 패권을 차지하는 데 절대적인 역할을 한 것이다.

갤리선, 대항해시대 지중해 무역을 주름잡다

갤리선은 노와 돛으로 움직이며 폭이 좁고 길이가 긴 고대의 대형 선박을 가리킨다. 갤리의 어원은 배를 뜻하는 라틴어 '갈레아galea'다. 그리스, 카르타고, 로마의 군함이나 고대의 무역선이 갤리선이었다.

돛이 달렸기에 범선帆船의 일종이지만, 주된 운항 방법은 노 젓기였고 돛은 보조 수단이었다. 영화〈벤허〉에서 쇠사슬에 묶인 벤허가 노를 젓던 배가 바로 갤리선이다.

주로 사람의 근육을 사용해서 움직이는 갤리선은 15세기 말 대항해시대까지도 여러 나라의 주력 함선으로 군림했다. 로마만큼 갤리선을 널리 활용한 것이 베네치아, 제노바 등 중세 이탈리아 도시국가다. 특히 베네치아는 국가 주도의 갤리선 선단 체제를 구축해 14~15세기 지중해 무역을 주름잡았다. 베네치아의 국영 조선소인 병기창은 2,000명의 장인이 동시에 110여 척의 갤리선을 건조하는 엄청난 규모였다.

갤리선이 군함으로 마지막 역할을 한 것은 1571년 오스만제국과 맞붙은 레판토해전이다. 오스만 튀르크는 1453년 동로마제국의 마지막 보루인 콘스탄티노폴리스를 함락시킨 뒤 지중해로 진출했다. 먼저 베네치아가 100년 가까이 지배해온 동지중해 무역의 요지 키프로스섬을 공격해 점령했다. 베네치아는 교황 비오 5세의 도움으로 스페인, 제노바와 연합함대를 이뤄 오스만제국에 맞섰다. 십자군전쟁 이후 약 200년 만에 기독교와 이슬람 세력 간 대결이었다.

그리스 코린트만의 레판토 앞바다를 가득 메운 양측 갤리선이 치열한 공방을 벌인 끝에 승리는 연합함대에 돌아갔다. 연합함대의 피해가 13척에 그친 반면 오스만제국은 53척이 격침되었고, 사령관까지 전사했다. 이후 오스만제국은 키프로스 서쪽의 지중해를 넘지 못했다. 당시 베네치아에서는 노잡이로 죄수들이 대거 지원했다. 노잡이로 2년간 복무하면 구금을 5년간 감면하는 인센티브를 주었기 때문이다. 레판토해전에는《돈키호테》를 쓴 스페인의 문호 세르반테스가 참전해 부상을 당하기도 했다.

레판토해전은 갤리선끼리 맞붙은 최후의 해전으로 기록되었다. 이미 15세기 들어 개량된 대형 범선들이 잇따라 등장해 대항해시대를 열었기 때문이다. 포르투갈의 '항해왕' 엔히크 왕자1394~1460는 선박, 지도 등의 전문가들을 불러 모아 카라벨선caravel船을 개발하고 아프리카 해안 탐사에 주력했다. 카라벨선은 여러 개의 돛대와 커다란 삼각돛을 단 범선이다. 카라벨은 아라비아의 전통 범선인 다우선dhow船을 모방했는데 속도가 빠르고 대포나 무거운 화물을 실을 수 있었다.

선수와 선미를 높여 더 커진 배가 '카라크karacke' 또는 '캐럭carrack'으로 불린 범선이다. 카라크는 아라비아 상선을 뜻하는 '카라키르Qaraqir'에서 따왔다. 카라벨선의 적재량은 50t 정도였지만 카라크선은 100t 이상으로 늘었다. 콜럼버스는 1492년 신대륙 항해 때 카라크선 1척산타마리아호과 카라벨선 2척을 이끌었다.

'근육의 시대'에서 '바람의 시대'를 넘어

포르투갈의 경쟁자인 스페인은 카라크선을 개량해 16~18세기 해전의 강자인 '갈레온galleon'을 탄생시켰다. 갈레온은 3~5개의 돛대와 삼각돛을 장착했고, 갑판이 여러 층인 대형 범선이다. 특히 길이가 카라크보다 길고 수면 아래 잠기는 배 밑 부분인 흘수가 얕아 항해 속도가 빠른 게 강점이었다. 적재량이 크고 양편에 대포를 10여 대씩 장착할 수 있었다. 1580년 포르투갈을 병합한 스페인의 펠리페 2세는 갈레온선 수백 척으로 구성된 *무적함대 Armada의 위용을 자랑했다. 또한 1588년 무적함대를 제압한 영국 함대 역시 갈레온 선단이다. 스페인에 합병된 포르투갈의 선박기술자들이 대거 영국으로 이주해 헨리 8세 때 영국의 조선 기술을 빠르게 끌어올린 결과다.

무적함대

스페인이 펠리페 2세 때 영국과의 전쟁을 위해 편성한 대규모 함대를 말한다. 1571년 레판토해전에서 오스만 함대를 격파해 지중해 해상권을 장악했던 스페인은 1588년 영국과의 해전에서 패하면서 해상권을 영국에 넘겨주었다.

고대와 중세 바다의 역사를 갤리선이 썼다면 15세기 이후 포르투갈 스페인 네덜란드 영국으로 이어진 근대 해양 패권은 갈레온의 성능과 항해술이 좌우했다. 범선의 개량과 화포의 발전으로 갤리선을 이용한 충돌이나 백병전은 무의미해졌다. 대신 속도와 대포의 화력이 해전의 승패를 갈랐다.

갈레온은 군함뿐 아니라 무역선으로도 널리 활용되었다. 포르투갈과 스페인은 15~16세기 '갈레온 무역' 시대를 열었다. 수십 척의 선단이 무역풍을 이용해 대양을 왕래하면서 식민지의 금과 은, 특산물을 실어 날랐다. 스페인의 식민지였던 필리핀 마닐라는 중국의 비단과 도자기 집산지로 이용되었다. 갈레온이 태평양을 횡단하는 데는 보통 4개월가량 걸렸다. 포르투갈은 갈레온을 이용해 고아인도, 말라카말레이시아, 마카오중국를 오가는 몰루카제도인도네시아의 향신료 교역으로 번영을 누렸다. 그러나 17세기에 네덜란드의 동인도회사가 등장하고, 영국과 프랑스가 가볍고 빠른 범선으로 대양에 진출하면서 바통을 넘기게 되었다.

이 시기에 빠질 수 없는 게 해적이라는 폭력과 약탈 집단이다. 제해권을 가졌다 해도 해군력으로 드넓은 바다를 일일이 통제하는 것은 불가능했다. 해적은 빠른 범선을 타고 대서양과 카리브해를 누비며 식민지와 무역선을 공격했다. 영국, 프랑스, 네덜란드 등은 해군력의 한계를 보완하기 위해 16~18세기 사략선私掠船, 사나포선私拿捕船, privateer이라는 '국가 공인 해적'을 음성적으로 운영했다. 사나포선은 자비自費로 무장하고 적선을 공격할 수 있는 권한을 위임받아 평시에는 해적, 유사시에는 해군 보조 역할을 했다. 훗날 귀족 작위까지 받은 프랜시스 드레이크는 16세기 말에 스페인 범선을 약탈해 영국 왕실에 막대한 이익을 안겨주었다. 존 호킨스, 헨리 모건, 블랙비어드 등이 전설적인 해적으로 이름을 남겼다. 카리브해에서는 프랑스, 영국, 네덜란드 등에서 온 서인도제도 개척민들이 해적으로 활개를 쳤다. 영화 〈캐리비안의 해적〉을 보면 당시 해적 집단, 범선, 군대와의 관계 등을 짐작할 수 있다. 그러나 18세기 들어 해양 패권을 쥔 영국이 통제를 확대하면서 해적들이 위축되어 19세기에는 거의 소멸되었다.

　범선의 시대는 1807년 로버트 풀턴이 증기선을 처음으로 띄우면서 급격히 내리막길을 걸었다. 이후에 선체를 길고 날렵하게 만들어 속도를 더욱 높인 쾌속 범선이 증기선과 경쟁을 벌이기도 했다. 1852년 미국에서 건조한 '소버린 오브 더 시즈바다의 통치자'는 최대 시속 40km를 기록했을 정도다. 그러나 수에즈운하의 개통1869으로 범선의 효용성이 떨어졌다. 항해 거리가 단축되면서 증기선이 석탄 연료 대신 화물 적재 능력을 키워 단점을 보완했기 때문이다. '근육의 시대갤리선'에서 '바람의 시대범선'를 넘어 '화석연료의 시대증기선'로 넘어간 것이다.

Part 03.

상업과 무역의
경제 세계사

로마제국과 중국을 오간
고대의 고위험 · 고수익 벤처사업은?

: 유라시아 대륙을 걸어서 횡단한 카라반

교역은 희소성과 수요 · 공급이 있으면 어떻게든 이루어진다. 로마제국의 귀족들은 중국의 비단을 선호했고, 중국 황실은 로마의 유리를 최고 귀중품으로 여겼다. 금 같은 귀금속은 동서양 공통의 로망이었다.

하지만 비행기나 자동차로 물건을 실어 나를 수 없던 시절이었다. 험준한 산맥이나 척박한 사막 등 중앙아시아의 방대한 자연 장애물을 넘어 육로로 1만 ㎞ 이상을 걸어서 오간 사람들이 있다. 바로 카라반이다. 그들이 걸어간 길은 그대로 육상 교역로가 되었다.

사막의 배, 낙타

유라시아 대륙의 양쪽 끝에는 두 개의 거대한 진秦나라가 있었다. 진시황이 통일한 중국의 진나라와 중국인들이 대진국大秦國으로 불렀던 로마제국이다. 대진국은 '서쪽의 커다란 진나라'를 가리켰다. 중국을 통일한 진나라와 지중해의 패자가 된 로마는 서로 상대방이 뛰어난 문물을 갖고 있음을 알고 있었다. 그러나 둘 사이에는 사막, 산맥, 협곡, 강, 초원 등 건널 수 없는 지리적 장벽과 호전적인 유목 민족들이 가로막고 있었다.

중앙아시아의 방대한 자연 장애물을 넘어 1만km 이상을 걸어서 그 길을 오간 사람들이 바로 카라반caravan이다. 카라반의 영어 표기인 '캐러밴'은 오늘날 이동 캠핑카 브랜드로 더 유명하지만 고대부터 자동차가 발명될 때까지 동서양 간 육상 교역의 핵심은 카라반이었다.

카라반과 떼려야 뗄 수 없는 것이 낙타다. 낙타는 등에 혹이 하나인 더운 사막지대의 단봉낙타와 혹이 둘인 아시아 초원 지대의 쌍봉낙타가 있다. 단봉낙타는 안장과 같은 하우다howdah를 얹어 사람이 타거나 짐을 실었고, 쌍봉낙타는 짐 싣는 데 주로 이용되었다. 낙타 한 마리가 100~200kg의 짐을 싣고 하루에 50~60km를 갔다. 망망대해 같은 사막을 건넌다고 해서 낙타를 '사막의 배'라고 부른다.

낙타가 가축화된 것은 BC 2500년께다. 대형 포유류 중에는 마지막으로 가축에 편입되었다. 인간이 사막지대로 진출하면서 낙타를 이용하기 시작한 것이다. 낙타는 온순하고, 수명이 길어 30~40년은 산다. 긴 눈썹과 코 근육으로 눈과 코를 막아 사막의 모래바람을 견딜 수 있다. 발을 디디면 발가락 사이가 넓적한 판처럼 펴지면서 접지 면적이 넓어져 모래땅에서도 잘 걷는다. 또, 물과 먹이가 없어도 혹에 저장된 지방을 분해해 오래 버틸 수 있다. 사막에 최적화된 낙타는 카라반에게 컨테이너 트럭과도 같았다. 게다가 낙타의 젖은 음료, 고기는 식량, 털은 직물, 가죽은 신발·구두, 뼈는 상아 같은 장식 공예품으로 활용할 수 있었다. 농경 사회의 소처럼 사막에서 낙타는 무엇 하나 버릴 것이 없는 가축이었다.

그러나 낙타로 운반할 수 있는 물품은 한정되었다. 낙타 100마리에 짐을 가득 실어도 비잔티움시대의 배 한 척이 실을 수 있는 짐의 10분의 1도 안 되었다. 카라반의 영화도 15세기 말 대항해시대가 열린 이후에는 자연히 사라졌다. 근대에 들어서자 교역로 곳곳이 두절되어 잊힌 길이 되었다.

점은 선이 되고 선은 길이 된다

카라반이 오고간 실크로드는 정확히 언제 형성되었는지 알 수 없다. 본래 실크로드라는 명칭도 19세기 독일의 지리학자 페르디난트 폰 리히트호펜이 명명하기 전까지는 존재하지 않았다. 카라반이 가끔 다니는 길이 있었을 뿐이다. 먼저 지중해 연안에서 시작된 상거래가 점차 사막지대로 확대되고, 사막에 점점이 박힌 오아시스 도시 간의 교역이 긴 선처럼 이어졌다. 이 선이 다시 초원 지대의 다양한 유목민과 연결되었다. 중국에서는 1세기 말, 한漢나라가 서역으로 진출하면서 두 교역로는 미국의 대륙횡단철도가 연결되듯 만났을 것이다. 지중해 연안부터 중국 시안옛 장안까지 유라시아 대륙의 장장 1만 2,000㎞를 가로지르는 실크로드는 오랜 세월에 걸쳐 이렇게 차곡차곡 형성되었다.

중앙아시아에는 넘기 힘든 장애물 두 개가 있다. 그것은 바로 타클라마칸사막과 톈산산맥이다. 실크로드는 2대 장애물에서 네 갈래로 갈라졌다가 서로 만난다. 만년설이 있는 톈산산맥을 중심으로 한 톈산북로와 톈산남로, '붉은 사막'이라는 타클라마칸사막을 돌아가는 서역 북도와 서역 남도가 그것이다. 이 길들은 시안, 둔황을 거쳐 투르판 또는 카슈가르로 갈라졌다가 대도시인 사마르칸트우즈베키스탄, 부하라로 다시 모였다. 여기서 다시 바그다드를 거쳐 팔미라에 집결한 뒤 지중해 연안 항구에서 배를 이용해 종착지인 로마제국과 이집트로 퍼져나갔다. 시리아 다마스쿠스에서 북동쪽 210㎞ 떨어진 팔미라는 페르시아, 인도, 중국을 잇는 실크로드 기착지로 '사막의 베네치아'로 불릴 만큼 독특한 문화유산을 남겼다.

카라반의 가장 큰 위험은 중앙아시아의 험준한 지역을 넘는 일이었다. 그 역할을 이란계 소그드인Sogd人이 담당했다. 소그드인은 5~9세기 중국, 인도, 비잔티움제국의 교역을 중개하는 상업 민족으로 번성했다. 철기문명을 일으킨 스키타이족을 소그드인으로 보는 견해도 있다. 중국에서는 '속특粟特'이라고 불렀다. 당나라 때 난을 일으킨 안녹산이 소그드인으로 알려졌다.

소그드인은 한반도의 삼국시대와도 교류가 있었다. 중국 기록에 소그드 왕실의 성씨가 온溫씨라고 하는데, 고구려의 온달과 신라 태종무열왕이 된 김춘추의 수행원이었던 온군해가 소그드 왕족 출신일 것으로 본다. 경주에 있는 원성왕릉과 흥덕왕릉의 무인상은 눈이 깊고 코가 높은 심목고비深目高鼻의 생김새가 영락없는 서역인인데, 소그드인으로 추정된다.

실크로드 외에도 동서 교통로로 초원길과 바닷길이 있다. 초원길은 만리장성 너머 몽골고원, 알타이산맥, 카스피해를 거쳐 흑해 북안으로 이르는 길이다. 이 초원길을 따라 흉노, 돌궐, 몽골 등 유목 민족이 흙바람을 일으키며 유럽의 역사를 바꾸기도 했다. 바닷길은 계절풍을 이용한 연안 항해 방식으로 이집트나 페르시아에서 인도, 말레이시아, 베트남을 거쳐 중국 남부를 이었다. 바닷길은 주로 이슬람 상인들이 주도했는데, 중국 도자기가 많이 거래되어 '세라믹로드'라고도 불린다. 〈신드바드의 모험〉은 인도양의 바닷길을 주름잡은 이슬람 상인들의 이야기다.

종교 · 문화 · 이야기를 전파한 길

인류 역사를 보면 희소성과 수요 · 공급이 있으면 어디서든, 어떻게든 교역이 이루어졌다. 로마제국의 귀족들은 중국의 비단을 선호했고, 중국 황실은 로마의 유리를 최상품으로 여겼다. 금과 같은 귀금속은 동서양 공통의 로망이었다. 하지만 지금처럼 비행기나 자동차로 실어 나를 수 없던 시절이었다. 카라반을 통한 육상 교역로가 형성된 것은 자연스런 결과다. 카라반은 실크로드를 통해 귀금속, 약재, 향신료 등 부피가 작으면서 값이 비싼 각 지역의 특산품을 공급했다. 실크로드의 종착지는 시안이었지만, 서역의 산물은 신라에까지 들어왔다. 로마의 유리그릇로만 글라스 20여 점이 4~6세기 신라 고분인 황남대총, 금관총, 서봉총, 천마총 등에서 부장품으로 발견되었다. 고대에도 신라와 로마가 닿지 못할 곳은 아니었던 셈이다.

동서 교역로는 비단과 유리, 귀금속 등만 전한 게 아니다. 중동과 서아시아에서 발흥한 종교들이 실크로드를 따라 동방으로 전파되었다. 소그드인은 진귀한 상품과 함께 조로아스터교, 마니교 등을 전했다. 경교景教로 불린 기독교 일파인 *네스토리우스파派는 페르시아에서 당나라 수도 장안까지 들어왔다. 이슬람교가 중앙아시아와 동남아시아에 띠처럼 전파된 것도 실크로드와

네스토리우스파

콘스탄티노폴리스의 대주교 네스토리우스의 교설을 믿는 그리스도교파로 431년 이단으로 선고되었다. 5세기경 페르시아로 옮겨간 교도들에 의해 북부 아랍, 인도, 몽골, 중국 등으로 전파되었다.

바닷길을 통해서다. 무함마드는 이슬람교를 창시하기 전에 부유한 미망인 하디자의 카라반 일원이었는데, 낙타몰이로 일했다. 당나라 현장법사는 실크로드로, 신라의 혜초는 바닷길로 인도에 다녀왔다.

실크로드의 중간 기착지였던 사마르칸트의 7세기경 벽화에는 소그디아 왕국 공주의 결혼식에 참석한 외국 사절단 가운데 새 깃털 장식의 조우관鳥羽冠을 쓴 고구려 사신 두 명이 그려져 있다. 중국의 발명품인 종이가 서역에 전해진 것도 실크로드를 통해서다. 고구려 유민 고선지가 이끄는 당나라군과 아바스 왕조와의 탈라스전투751는 제지 기술이 전파된 계기였다. 화약, 나침반도 실크로드로 전파되었다. 화약은 중세 이후 전쟁 양상을 바꿨고, 나침반은 15세기 대항해 시대를 여는 원동력이 되었다.

카라반의 낙타 짐 속에는 이야기보따리도 들어 있었을 것이다. 동서양에 이야기 구조가 흡사한 설화들이 적지 않다는 게 그 증거다. 우리나라 전래동화 〈콩쥐팥쥐〉와 유럽 각국의 〈신데렐라〉는 이야기 구조가 놀랍도록 닮았다. 계모의 구박, 심술궂은 이복자매, 꽃신과 유리 구두 등이 똑같다. 이뿐만이 아니다. 프랑스의 구전 설화 〈여우〉는 욕심 많은 형과 착한 동생 이야기인데, 역시 〈흥부와 놀부〉를 연상시킨다. 〈선녀와 나무꾼〉도 유사한 설화가 시베리아, 중국, 티베트, 인도 등지에 퍼져 있다.

로마시대의 작가 오비디우스의 〈변신 이야기〉에 실린 귀가 늘어난 미다스 왕 이야기는 《삼국유사》의 경문왕 설화인 〈임금님 귀는 당나귀 귀〉와 매우 유사하다. 누가 누구 것을 베꼈을까? 고려 시대 일연이 1000년을 앞선 로마의 작가 오비디우스를 표절했을까? 이 같은 유사성은 인간 사회의 희로애락과 갈등 구조가 동양과 서양, 국가와 민족을 구분해도 크게 다르지 않은 까닭일 것이다. 서양사학자 주경철은 《신데렐라 천년의 여행》에서 〈신데렐라〉와 유사한 구조의 이야기가 유라시아 대륙에 무려 1,000여 종에 이른다고 했다. 그런 점에서 실크로드를 통해 설화들이 전파되었을 가능성이 높다.

카라반은 한 번 출발하면 보통 가는 데만 2~3년이 걸렸다. 한낮 사막의 더위를 피해 밤에 별을 길잡이 삼아 줄지어 걸어가는 카라반 행렬은 낭만적인 풍경으로 묘사되기도 한다. 그러나 실상은 무수한 위험과 죽을 고비의 연속이었을 것이다.

위험할수록 수익도 높은 법이다. 목적지에 무사히 도착해 서역의 물건을 풀어놓고, 동방의 진기한 물품을 모아 귀환하면 엄청난 부를 거머쥘 수 있었다. 카라반은 고대의 벤처 사업이요, 고수익 위험 자본이었던 셈이다.

카라반이 머물렀던 오아시스 도시들은 지금도 건재하며 유네스코 세계 문화유산이 즐비하다. 실크로드는 카라반을 인도한 밤하늘의 별만큼이나 다양한 이야기를 품고 있다.

해상무역은 어떻게 규모의 경제가
가능한 '대박 사업'이 되었을까?

: 세상의 끝으로 여긴 '헤라클레스의 기둥'

지구가 평평하다고 믿었던 시절, 지중해 사람들이 '세상의 끝'으로 여겼던 곳
이 있다. 그들은 지중해 서쪽 끝 지브롤터해협에 있는 그곳을 '헤라클레스의
기둥'이라고 불렀다.

15세기 말 스페인과 포르투갈의 모험가들은 세상 끝의 경계를 과감하게 뛰
어넘었다. 대항해시대가 시작된 것이다. '헤라클레스의 기둥'이란 제약을 돌
파하자 지중해 무역과 실크로드의 육상무역 대신 대서양의 해상무역이 대세
로 떠올랐다.

지리적 제한은 곧 생각의 한계

지구가 평평하다고 믿었던 시절, 지중해 사람들이 '세상의 끝'으로 여겼던 곳이 있다. 지중해 서쪽 끝 지브롤터해협에 있는 일명 *'헤라 클레스의 기둥'이다. 헤라클레스의 기둥 은 지브롤터해협의 고대 명칭이다. 두 기 둥은 북아프리카 모로코와 이베리아반도 사이에 좁은 해협의 남과 북에 솟은 바위 산으로 추정하고 있다. 북쪽 기둥은 이베 리아반도 남단의 영국령 지브롤터에 속 해 있는 해발 425m의 '지브롤터 바위산 The Rock of Gibraltar'이다. 그러나 남쪽 기둥 은 정확히 어디를 가리키는지 남겨진 기 록이 없다. 학계에서는 모로코의 '에벨 무 사' 또는 세우타모로코에 있는 스페인령의 '몬테 아초'를 가리킨다고 본다.

헤라클레스의 기둥

그리스신화의 최고 장사인 헤라클레 스는 제우스신과 인간 사이의 아들 이다. 헤라 여신의 미움과 간계로 헤 라클레스는 자신의 아이들을 죽이 게 되어 그 죗값으로 에우리스테우 스 밑에서 12가지 목숨을 건 과업을 실행해야 했다.

그중 열 번째 과업이 세상 서쪽 끝에 사는 몸과 머리가 셋인 괴물 게리온 의 소떼를 몰고 오는 것이었다. 소떼 를 데려오려면 아틀라스산맥을 넘어 야 했는데, 헤라클레스가 괴력으로 산맥을 갈라놓았다. 여기에서 지중 해와 대서양이 생겨났다. 헤라클레 스가 갈라진 땅의 양쪽 끝에 두 기둥 을 세워놓은 것을 일러 헤라클레스 의 기둥이라고 한다.

오늘날 통용되는 지브롤터라는 지명은 711년 해협을 건너 이베리아반도를 정복한 사라센제국의 영웅인 타 리크 이븐 지야드 장군의 이름에서 유래했다. 타리크의 군대가 상륙

한 곳을 아랍어로 '자발 알 타리크^{타리크의 산}'로 명명했는데, 이것이 스페인어로 '히브랄타르', 영어로는 '지브롤터'로 불리게 된 것이다.

그리스신화에서 묘사하듯이 헤라클레스의 기둥은 곧 세상의 끝으로 여겨졌다. 배를 저어 더 나아갔다가는 세상 끝의 어둠과 지옥으로 추락한다는 것이다. 헤라클레스의 기둥은 고대의 진입금지 경고판인 셈이다. 플라톤이《티마이오스》에서 헤라클레스의 기둥 너머에 사라진 대륙 아틀란티스가 있다고 한 것이 대서양^{Atlantic Ocean}이라는 이름의 유래다. 단테도《신곡:지옥 편》에서 "인간이 더 이상 넘어가지 못하도록 헤라클레스가 경계선을 표시해둔 좁다란 해협…"이라고 언급했다. 이렇듯 고대인의 세계관은 헤라클레스의 기둥 안쪽, 즉 지중해에 국한되었다. 이는 지리적 제한뿐 아니라 생각의 한계를 규정하는 경계선이기도 했다. 누구도 그 너머 미지의 공포에 맞설 엄두를 내지 못한 것이다.

지브롤터해협을 넘어간 사람들이 연 대항해시대

모두가 헤라클레스의 기둥 너머 세상을 두려워했던 것은 아니다. 진취적인 해양 민족인 페니키아인^{카르타고인}은 서부 지중해를 누비면서 헤라클레스의 기둥에 군사기지를 건설하고, 대서양에 면한 포르투갈, 모로코 해안까지 진출해 도시를 건설했다. 몽테스키외는《법의 정신》에서 카르타고의 항해가 겸 탐험가 하논이 BC 630년~BC 530년에 헤라클레스의 기둥을 넘어 아프리카를 거쳐 홍해로 돌아오는 항해를 시도했다고 썼다. 하논은 "카르타고에서 헤라클레스의 기둥의 거리만큼 이곳은 헤라클레스의 기둥에서 멀리 떨어졌다"라고 기록했다. 이 말이 맞다면 중앙아프리카의 카메룬 부근까지 내려간 것으로 추정할 수 있다. 하지만 하논은 극히 예외적인 경우다. 고대는 물론 폐쇄 사회인 중세까지 감히 지브롤터해협 밖으로 나가는 것을 상상하지 못했다.

15세기 대항해시대에 접어들어 지리적·심리적 제약을 돌파하려는 시도가 잇따랐다. 스페인과 포르투갈의 모험가들은 경계를 과감하게 뛰어넘었다. 헤라클레스의 기둥을 더 이상 진입금지 경고판으로 의식하지 않았다. 불과 한 세대 사이에 희망봉을 발견한 바르톨로메우 디아스1488, 아메리카 대륙에 도달한 크리스토퍼 콜럼버스1492, 아프리카 남단을 돌아 인도 항로를 개척한 바스쿠 다 가마1499, 브라질에 도착한 페드루 알바르스 카브랄1500, 세계 일주에 성공한 페르디난드 마젤란1521 등이 연이어 멀고먼 항해에 성공했다. 이들은 실크로드를 타고 전해진 나침반이란 최신 장비가 있었다. 역풍에도 항해할 수 있는 삼각돛을 단 범선과 항해술의 발전, 국가의 전폭적인 지원 등도 한몫했다.

헤라클레스의 기둥이란 제약을 돌파하자 지중해 무역과 실크로드 육상무역 대신 대서양 무역이 대세로 떠올랐다. 낙타로 운반하는 육상무역에 비해 해상무역은 규모의 경제가 가능한 첨단산업이었다. 당시 최대 교역품인 동남아의 향신료를 범선 한 척이 실어 나르면 낙타 1,000마리에 싣는 만큼 운송할 수 있었다. 배 10척이 나갔다가 한 척만 무사히 돌아온다 해도 손실을 메우고 남을 만큼 수익성 높은 장사였다.

고대 세계관에서 벗어나 대양을 향해

대항해시대의 모험 정신은 스페인의 국기에도 담겨 있다. 국기 문양에 헤라클레스의 기둥이 그려져 있다. 기둥에 감겨 있는 두루마리에는 '보다 먼 세계로'라는 의미의 '플루스 울트라PLUS ULTRA'라는 글귀가 적혀 있다. *카를로스 1세가 좌우명으로 삼은 것이다. 과거 '헤라클레스의 기둥에서 더 나아갈 수 없다'라는 의미의 '논 플루스 울트라NON PLUS ULTRA'라는 경고 문구에서 부정을 뜻하는 '논NON'을 뺀 것이다. 약 800년간의 이슬람 지배와 지중해에 갇힌 고대의 세계관에서 벗어나 대양을 향해 나아간다는 진취적 기상을 담은 것이다.

카를로스 1세

1516년 스페인의 왕이 되고, 1519년 신성로마제국 황제가 되어 카를 5세로 불렸다. 그의 치세인 16세기 전반기는 신대륙 발견, 해양 패권 등으로 스페인의 전성기다.

16~18세기는 절대왕정 국가들의 해양 패권 다툼이 치열하게 전

개된 시기다. 먼저 포르투갈, 스페인이 16세기를 지배했다. 17세기는 네덜란드, 18세기는 영국의 시대였다. '바다를 지배하는 자가 세계를 지배한다'라는 격언이 그대로 실현되었다.

오늘날에도 지브롤터해협, 즉 헤라클레스의 기둥은 누구도 포기할 수 없는 지정학적·군사적 요충지다. 그곳은 고대 페니키아, 로마, 이슬람 등 주인이 여러 번 바뀌었는데, 스페인 왕위계승전쟁1701~1714 때 종전 조건으로 영국에 할양되어 오늘에 이르렀다. 지브롤터해협은 여의도 3분의 2 면적에 인구는 3만 명에 불과하다. 아주 작은 땅이지만 이집트 수에즈운하, 터키 보스포루스해협과 더불어 지중해 3대 요충지로 꼽힌다. 영국은 지브롤터에 스페인 함대 전체를 능가하는 해군 전력을 배치해 18세기의 해양 패권을 움켜쥐는 발판으로 삼았다.

스페인으로서는 지금까지 지브롤터가 '손톱 밑 가시'와 같은 존재다. 2차 세계대전 때 히틀러가 스페인 프랑코 총통에게 참전하면 지브롤터를 되찾게 해주겠다고 제안했지만, 우여곡절 끝에 참전하지 않았다. 만약 스페인이 나치를 도와 참전했다면 패전 이후 더욱 불리한 입장에 처했을 것이다. 지금도 지브롤터의 주민 대다수가 영국령으로 남기를 원해 스페인은 애만 태우고 있다. 그러면서도 영국에 반환을 요구하지 못하는 것은 스페인도 모로코에 세우타, 멜리아 등 영토를 갖고 있기 때문이다. 지브롤터해협은 예나 지금이나 국제 관계는 힘이 좌우한다는 사실을 일깨운다.

산업혁명 이전의 가장 빠른 '탈것'이자 중형차 이상의 값어치를 지닌 것은?

: 시공간을 획기적으로 단축한 말(馬)의 역사

말은 약 BC 1000년부터 전쟁에 동원되었다. 고대 이집트 벽화나 로마제국을 배경으로 한 영화 〈벤허〉에서 보듯이 그 시대에 말은 주로 전차를 끌었다.

말은 품종 개량을 거쳐 사람이 탈 만큼 크기가 커졌으며 산업혁명 이전에 지구상에서 가장 빠른 '탈것'이었다. 또한 사람의 이동·상거래·문화 교류에서 시간과 공간을 획기적으로 단축했다.

명마의 상징, 부케팔로스와 적토마

BC 344년 마케도니아의 왕 필리포스 2세에게 그리스 테살리아의 말 장수가 준수한 말을 팔러 왔다. 하지만 말이 너무 사납고 거칠어 용맹한 장군들조차 다루지 못했다. 필리포스 2세가 말을 사지 않겠다고 하는데, 열두 살짜리 어린 아들 알렉산드로스가 나섰다. 필리포스 2세는 자만하지 말라고 충고했지만, 어린 아들은 말을 못 다루면 말 값을 내겠다고 했다. 알렉산드로스는 흥분한 말을 부드럽게 달래더니 가볍게 올라타고 달렸다. 그는 말이 자기 그림자에 놀라 겁먹은 것을 알고, 그림자를 보지 못하게끔 말머리를 태양 쪽으로 돌린 것이었다. 이에 감탄한 필리포스 2세는 이렇게 말했다. "아들아, 네게 맞는 왕국을 찾아라. 마케도니아는 너를 만족시키기에 너무 좁다."

그리스 역사가 플루타르코스의《영웅전》에 나오는 알렉산드로스와 그의 명마名馬 부케팔로스에 얽힌 전설 같은 이야기다. 명장은 명마와 더불어 탄생한다. 대제국을 건설하고 33세에 요절한 알렉산드로스대왕BC 356~BC 323이 그렇다. 이탈리아 폼페이 유적에는 알렉산드로스가 부케팔로스를 타고 있는 그림이 있다. 당시 화폐에 부케팔로스가 새겨지기도 했다.

부케팔로스는 '황소의 머리'란 뜻이다. 온몸이 검은데 이마에 커다

란 흰색 반점이 있어 그것이 황소 뿔을 닮아 붙여진 이름이다. 부케
팔로스는 BC 326년 알렉산드로스대왕이 인도 원정에 나선 히다스
페스전투에서 죽었다. 다른 말들이 인도의 코끼리 부대에 겁을 먹고
꽁무니를 뺄 때, 늙은 부케팔로스만 용맹하게 맞서다 최후를 맞았다.
알렉산드로스는 부케팔로스의 죽음을 애도하며 말을 매장한 곳에
'알렉산드리아 부케팔라'라는 도시를 건설했다.

　서양에 부케팔로스가 있다면 동양에는 적토마赤兎馬가 있다. 나관
중의 장편 역사 소설 〈삼국지연의〉에서 여포와 관우가 탔던 하루에
천 리를 달릴 수 있는 준마다. 주인으로 모신 관우가 죽자 적토는 스
스로 풀과 물을 끊고 굶어 죽었다고 한다. 그러나 '연의'는 허구와 과
장이 많은 '팩션팩트+픽션'이다. 진수陳壽가 쓴 정사正史 《삼국지》의 주석
에는 "여포는 늘 좋은 말을 몰았는데, 이 말은 적토라 불리며 능히 해
자를 뛰어넘을 수 있었다. 사람들이 말하기를, 사람 중에 여포가 있
고 말 중에 적토가 있다고 했다"라고 간단히 언급되어 있다.

인류와 말이 맺은 6000년 인연

　말은 라틴어로 '에쿠스Equus'라고 부른다. 에쿠스는 말과科, 말속屬
을 가리키는 학명이다. 말뿐 아니라 조랑말, 당나귀, 얼룩말 등 말과
유사한 형태는 모두 에쿠스에 속한다. 현재 가장 큰 말 품종은 영국

산 샤이어로, 어깨 높이가 평균 170cm다. 반면 어깨 높이가 78cm에 불과한 아르헨티나산産 팔라벨라도 있다. 개도 셰퍼드와 치와와가 있듯이 말도 크기가 다양하다.

BC 1만 3000년께 프랑스 라스코 동굴 벽화에 온전한 야생마가 그려졌을 만큼 인류와 말의 관계는 오래되었다. 말이 가축화된 것은 신석기시대인 BC 4000년께 우크라이나 지방에서다. 개가 BC 1만 년에, 돼지가 BC 8000년에, 소가 BC 6000년 가축화된 것에 비하면 말의 가축화는 매우 늦은 편이다. 최고 시속 60km로 달리는 말을 사람이 붙잡아 길들이는 것이 쉽지 않았던 까닭이다. 말은 잠도 서서 잘 만큼 경계심이 큰 동물이기 때문이다.

한 번 길들여진 말은 인간과 떼려야 뗄 수 없는 존재가 되었다. 초기에는 주로 고기를 얻는 식용으로 길렀다. 그러다 BC 2000년께부터 말에 재갈을 물렸고, 수레를 매어 운송 수단으로 이용했다. BC 1000년 즈음에는 전쟁에 동원되었다. 고대 이집트 벽화나 로마제국이 배경인 영화 〈벤허〉에서 보듯이 고대의 말은 주로 전차를 끌었다. 말이 무장한 병사를 태우고 달릴 만큼 크지 않았기 때문이다.

말은 소와 달리 농사용 가축이 되지 못했다. 서양에서 밭농사에 이용되긴 했으나 일부였다. 말은 반추동물인 소에 비해 더 많이 먹지만, 지구력이 떨어졌다. 말은 두 개의 발굽에 V자 홈이 있어 빨리 달리는 데 특화된 이제류二蹄流 동물이다. 그러나 늙거나 오래 달리면 발굽이 닳아 수시로 관리해줘야 한다. 야생마는 굳이 발굽이 닳을 정도로 달리지 않지만, 가축화된 말은 필요 이상으로 달릴 때가 많아 금속으로 된 편자horseshoe를 발굽에 못으로 고정시켰다. 편자는 BC 3세기 파르티아이란에서 유래한 것으로 알려졌다.

한편 사람의 필요에 의해 우량종을 지속적으로 교배시켜 말의 크기를 키웠다. 오늘날 순수 혈통의 말은 야생마와 얼룩말 밖에 없을 정도다. 품종 개량을 통해 말이 사람을 태울 만큼 커지고, 고삐 안장 목줄 등 다양한 마구馬具가 개발되어 기마민족의 시대가 열렸다. 그 중심이 된 품종이 한혈마汗血馬 또는 '아할테케Akhal-Teke'로 불리는 중앙아시아산 말이다. 어깨 높이가 150~160cm 안팎이고, 털에 윤기가 나며 지구력이 뛰어나 장거리 이동에 적합하다. 짙은 색 땀이 피처럼 보여 한혈마라는 이름을 얻었다. 부케팔로스와 적토마도 한혈마 혈통으로 추정하고 있다.

19세기 초, 나폴레옹 시대까지도 말은 지구상에서 가장 빠른 탈것이었다. 게다가 사람의 이동·상거래·문화 교류에서 시간과 공간을 획기적으로 단축시켰다. 사람은 걸어서 하루에 기껏 30~50km를 이동하지만 말은 100km 이상 갈 수 있다. 실크로드 교역에서도 말은 낙타만큼 짐을 싣지는 못하지만 이동 속도는 비교가 안 되게 빨랐다.

하지만 단점도 있다. 런던, 파리 등 대도시는 말들이 하루에도 수십 톤에 달하는 말똥을 쏟아내어 골치였다. 비가 오면 거리가 온통 말똥으로 질척였고, 전염병이 쉽게 번지게 되었다. 하이힐의 등장과 하수도 정비는 말똥 공해와 관련이 깊다. 19세기 들어 증기자동차,

증기기관차, 내연 자동차가 등장하면서 말은 서서히 밀려나 지금은 경마, 승마 용도로만 남았다.

전쟁 판도를 가르는 기마대, '등자'로 날개를 달다

근세까지도 역사는 말에 의해 좌우되었다 해도 과언이 아니다. 엄청난 기동력으로 역사 전면에 등장한 기마민족이 시대를 송두리째 바꿔 놓는 일이 흔했다. 훈족, 몽골족, 튀르크족돌궐족 등이 대표적이다. 훈족은 게르만족을 밀어내 로마제국의 멸망을 초래했고, 몽골족은 유라시아 대륙에 대제국을 건설했으며, 튀르크족은 오스만제국을 세워 중세와 근대의 동서양 중간 지대에서 위력을 발휘했다.

기마민족의 말과 기마술은 농경민족에도 전해져 어느 나라든 기마대를 갖췄다. 전쟁에서 말은 탱크, 장갑차, 트럭을 합친 것과 같았다. 말은 전투에서 이기면 가장 먼저 빼앗았을 만큼 중요한 전략물자였다. 중세에는 동서양을 막론하고 우수한 기병이 국력 그 자체였고, 전쟁의 승패를 가르는 핵심 전투력이었다. 수백, 수천 필의 말이 지축을 흔들며 달려오는 모습을 상상해보라. 창과 방패에 의지한 병사들에게는 공포 그 자체였다.

하지만 고대 전쟁은 보병 위주였고, 기마대의 역할은 제한적이었다. 말이 크지 않았고, 낙마 위험이 컸으며, 관리도 쉽지 않았기 때문이다. 기병의 전투력이 급속히 발전한 것은 말 품종 개량과 함께 등자stirrups가 발명되면서부터다. 등자는 말안장에 부착된 발걸이다. 별것 아닌 듯해도 기병이 말을 타고 내리기 수월해졌고, 고삐를 잡지 않고도 말 위에서 활과 창을 자유자재로 쓸 수 있게 되었다. 일설에는 등자가 로마제국 멸망의 단초가 되었다는 주장도 있다. 378년 아드리아노폴리스아드리아노플전투가 지금의 터키 북서부 에디르네에서 벌어졌다. 이 전투에서 동로마의 발렌스 황제가 이끄는 정예 군단이 고트족에게 전멸했는데, 이때 고트족 기마대가 등자를 이용했다는 것이다. 그러나 역사학자들은 2세기 인도 쿠샨왕조에서 처음 이용한 고리 모양의 등자가 4세기 초 중국과 고구려, 선비족 등에 전해졌고, 유럽은 아랍을 거쳐 7~8세기부터 이용했다고 보고 있다. 고구려 벽화 중에도 등자가 달린 말을 탄 무사 그림이 있다.

중세 유럽의 기사 계급은 등자와 더불어 탄생했다. 프랑크왕국의 샤를 마르텔이 파죽지세로 북상하던 이슬람 세력을 투르—푸아티에전투732에서 막아낼 때 기마대가 결정적 역할을 했다. 이를 계기로 유럽에서의 전투는 보병에서 기병 중심으로 바뀌었다. 1차 십자군전쟁1096~1099 때 십자군이 예루살렘을 탈환할 수 있었던 것도 기마대 덕이었다. 당시 중무장 기병과 싸워본 적이 없던 이슬람 군대에 기마대는 공포의 대상이었다. 그러나 이슬람 궁병들은 중무장 기사 대신 말과 보병을 집중 공격하는 전략으로 2차 십자군전쟁 이후부터는 우위를 점했다.

몽골은 작지만 강인한 몽고마로 13세기 아시아와 중동, 동유럽 일부까지 휩쓸었다. 말과 한 몸인 듯 움직이며 백발백중 화살을 쏘아대는 몽골 기병을 목격한 유럽인들은 그리스신화의 반인반마半人半馬 켄타우로스를 떠올렸다. 몽골족은 어릴 적부터 말을 탔는데, 말 위에서 일주일간 먹고 자며 내려오지 않을 만큼 말과 친숙했다. 세계 최강의 몽골 기마대였지만, 말은 험준한 산악지대나 덥고 습한 기후에 약하다. 몽골 군대가 인도를 넘지 못했고, 베트남 원정에 실패했으며 고려를 제압하는 데 고전했던 이유다.

말을 소유하고 관리하는 데는 예나 지금이나 엄청난 비용이 든다. 중세에는 말을 소유할 재력을 가진 귀족들만 기사가 될 수 있었다. 당시 말은 중형 승용차 이상의 값어치가 있었다. 기사가 출전할 때는 말과 무기, 갑옷 등을 관리할 시종이 여러 명 따라다녔다. 반면 기동력을 중시한 몽골족은 전쟁에 나갈 때 병사 한 명이 말을 3~4마리씩 몰고 갔다. 말이 지치면 수시로 바꿔 타고, 급할 때는 말의 피를 마셨다. 어느 쪽이 이겼을지는 안 봐도 뻔하다.

중세 1000년간 위력을 떨친 기병도 화약 무기와 총포의 등장으로 급속히 위축되었다. 임진왜란 때 조선 기마대는 왜군의 조총 앞에 무기력했다. 기병은 1차 세계대전까지도 존재했지만 전투 양상이 참호, 철조망, 기관총, 전차로 바뀌면서 더 이상 설 자리가 없어졌다.

양념이 어떻게
금보다 비쌀 수 있을까?

: 향신료를 사이에 둔 네덜란드와 영국의 뒤바뀐 운명

향신료는 적은 양으로도 고기의 풍미를 확 바꿔준다. 냉장고가 없던 시절, 부패를 막는 효과도 있었다. '향신료의 왕'으로 불린 후추는 화폐로도 통용되어 세금 납부나 뇌물 수수에도 이용되었다.

네덜란드는 1665년 영국-네덜란드전쟁으로 향신료 산지 룬섬을 지키며 뉴암스테르담을 영국에 넘겼고, 영국은 인도로 눈을 돌렸다. 인도는 인구가 많고, 면화·후추·커피는 물론 아편까지 재배할 수 있었다. 인도를 손에 넣은 영국은 결국 19세기 '해가 지지 않는 나라'가 되었다.

세금 납부·뇌물 수수, 현금처럼 다 되는 후추

인류가 향신료를 이용한 것은 BC 3000년께로 거슬러 올라간다. 당시 수메르의 기록에 향신료와 허브에 관한 내용이 있다. 고대 이집트는 미라의 방부 처리에 여러 가지 향신료를 사용했다. BC 1224년 사망한 파라오 람세스 2세 미라의 코에서 후추 열매가 여러 개 발견되었다. 영생과 부활을 기원한 것이다. 후추는 인도가 원산지라는 점에서 당시에도 인도와 이집트 간에 교역이 있었음을 짐작할 수 있다. 예수 시신도 향료와 함께 아마포린넨로 감쌌다.

향신료는 적은 양으로도 고기의 풍미를 확 바꿔준다. 냉장고가 없던 시절에 부패를 막는 효과도 있었다. 중국에서는 향신료를 약재로 이용했다. 고대 그리스의 히포크라테스도 향신료와 허브를 섞은 약품을 400여 가지나 개발했고, 이 중 200여 가지는 지금도 활용된다. '향신료의 왕'으로 불린 후추는 화폐로도 통용되어 세금 납부나 뇌물 수수에도 이용되었다.

향신료는 매우 다양하다. 고추, 생강, 마늘, 겨자, 파, 부추처럼 향이 나고 매운 식물은 모두 향신료로 분류된다. 식물의 잎, 꽃, 열매, 줄기 등 다양한 부위에서 얻을 수 있다. 한약이든 양약이든 그 재료 목록이 곧 향신료 목록이라 해도 과언이 아니다. 그중에서도 역사적으로 주목받은 열대 식물인 후추pepper, 계피cinnamon, 정향clove, 육두구nutmeg를 이르러 '4대 향신료'라고 한다. 후추는 원산지가 인도 남부 해안이다. 계피나무 껍질을 가리키는 계피는 중국과 동남아 일대에서도 나지만, '실론스리랑카산 시나몬'을 최고로 쳤다. 정향과 육두구는 인도네시아 몰루카제도 중에서도 특히 화산섬으로 이루어진 반다제도에서 주로 재배되었다. 반다제도의 독특한 화산재 퇴적 토양이 만든 특산물이었다.

후추와 계피는 지금도 흔하지만 정향과 육두구는 우리에게 다소 낯설다. 정향은 향신료 중 유일하게 꽃봉오리에서 얻는데, 꽃봉오리의 생김새가 한자 '丁정'자를 연상시켜 붙여진 이름이다. 향이 은단과 비슷해 음식에 넣으면 한국인은 잘 적응하기 어렵다. 치약이 없던 시절에 주로 구취 제거, 치통 완화, 감기약 등으로 쓰였다. 황제나 왕을 알현할 때 신하, 내관들이 입 냄새를 없애기 위해 정향을 입에 물었다고 한다. 인도 카레, 중국 오향장육, 피클, 케이크 등에도 정향이 들어간다.

육두구는 20m까지 자라는 육두구나무 열매의 씨앗이다. 영어로 'nutmeg'는 '사향 냄새가 나는 호두' 같다고 해서 붙여진 이름이다. 위장을 보호하고 설사를 멈추게 하는 효과가 있어 중국에서는 BC 2000년께부터 쓰였다. 밤의 속껍질처럼 육두구 열매를 둘러싼 붉은 껍질도 메이스mace라는 향신료로 이용된다. 메이스는 육류, 케이크 등에 들어간다.

4대 향신료는 원산지와 주된 수요처 간의 거리가 멀었기에 비쌀 수밖에 없었다. 흔히 후추, 계피를 금값에 비유했지만 정향과 육두구는 그보다 10배 더 비쌌다. 중세에는 육두구 500g이 소 7마리 값이었다고 한다.

향신료 무역은 고대부터 인도양의 이슬람 상인이 주도했다. 동방의 향신료가 인도양, 홍해를 지나 이집트 알렉산드리아에 모이면 지금의 레바논, 시리아 일대인 레반트의 상인들이 유럽 각지로 공급했다. 중세에는 베네치아가 중개무역을 담당하며 약 300년간 번영을 누렸다. 육로로는 카라반이 소량의 향신료를 낙타에 실어 날랐다. 중국은 4000년 전부터 향신료를 다양한 용도로 이용했다. 홍콩香港이란 이름도 향신료 무역항이었던 데서 유래했다. 이렇듯 인도, 동남아를 중심으로 향신료를 각지로 공급하던 유라시아 대륙의 육로와 항로를 통틀어 '스파이스 로드spice road'라고 부른다.

향신료 찾아 3만 리

12~13세기 십자군전쟁으로 기독교권과 이슬람권이 싸우면서 스파이스 로드가 크게 위축되었다. 베네치아 상인들이 이슬람권에서 들여오는 향신료는 양이 턱없이 부족했고 가격도 비쌌다. 설상가상으로 오스만 튀르크 제국이 1453년 콘스탄티노폴리스를 함락한 뒤에 향신료에 엄청난 세금을 붙여 가격은 더 뛰었다. 유럽 각국이 직접 향신료를 구하러 나서게 된 배경이다. 또한 1300년께 발간된 마

르코 폴로의 《동방견문록》은 유토피아이상향, 황금의 나라 등을 묘사해 모험가들의 상상력을 자극했다. 13~14세기 범선과 항해술의 발달, 중국에서 전래된 나침반이 더해져 15세기 말 대항해시대가 열린 것이다.

근대사 초기는 향신료를 차지하기 위한 유럽 열강들의 각축전으로 출발했다. 이는 거꾸로 원주민들이 겪을 수난의 시작을 의미했다. 인도네시아의 몰루카제도에 첫발을 디딘 것은 포르투갈이었다. 포르투갈은 유럽 서쪽 끝에 위치했고, 이슬람 지배를 오래 받으면서 기술적으로는 다른 유럽 국가들을 앞서 있었다. '항해왕' 엔히크 왕자의 후원 아래 15세기 국가 사업으로 대항해에 나서며 먼저 인도 항로를 개척한 포르투갈은 인도의 고아1510, 동방무역의 요충지인 말레이반도의 말라카1511, 실론1518 등에 상관商館을 설치하고 계속 동쪽으로 나아갔다. 1522년에는 몰루카제도에 진출해 요새를 구축하고 향신료 무역을 독점했다. 포르투갈은 1513년 중국 광둥에 처음 도착했고, 1543년에는 일본에까지 진출해 조총을 전했다. 1557년 마카오 거류권居留權을 획득해 비단, 금, 도자기 등의 무역을 거의 독점했다.

이에 자극받은 스페인에서는 페르디난드 마젤란이 3척의 배를 이끌고 남미의 최남단 마젤란해협을 돌아 태평양을 횡단했다1520. 이듬해 3월에는 필리핀을 거쳐 몰루카제도에 도착해, 포르투갈과 반대로 서쪽을 도는 항로를 개척했다. 마젤란은 필리핀 원주민과의 전투에서 사망했지만, 그의 부하들이 에스파냐로 귀환해 세계 일주를 완성했다[1522]. 굶주림, 괴혈병, 전투 등으로 200여 명이 죽고 배 한 척에 18명만 귀환했지만, 싣고 간 향신료로 비용을 메우고도 이윤이 났다. 이후 몰루카제도는 포르투갈이 독차지했고, 스페인은 필리핀을 식민지로 삼았다.

향신료 무역의 독점권을 잃게 된 오스만 제국은 홍해 함대를 인도양에 파견해 인도양의 포르투갈 무역 거점들을 공격했다. 동인도제도에 전파된 이슬람교가 몰루카제도까지 전해져 원주민들이 포르투갈과 반목하게 되었다. 설상가상으로 포르투갈은 북아프리카 모로코에서 이슬람 세력에 패해 국왕이 전사하는 최대 위기에 처했다[1578].

이틈을 비집고 스페인이 향신료 무역을 잠식했다. 포르투갈은 적은 인구에 비해 해상 영역이 감당할 수 없을 만큼 넓어 서서히 힘이 빠졌다. 폴 케네디가 《강대국의 흥망》에서 지적한 대로 '과잉 팽창'이 몰락을 가져온 것이다. 급기야 1580년 스페인 왕이 포르투갈 왕을 겸하는 병합 상태가 1640년까지 이어졌다.

네덜란드 동인도회사 vs 영국 동인도회사, 누가 이겼나?

16세기 말에는 유럽 항로를 장악한 해양 강국 네덜란드가 향신료 쟁탈전에 뛰어들었다. 네덜란드는 1602년 세계 최초의 주식회사이자 다국적기업인 동인도회사VOC를 설립했다. VOC는 국가가 아닌 투자자들의 자금으로 운영하면서도 국가로부터 군사, 행정 권한을 위임받은 사실상의 정부 기구였다. VOC는 영국 동인도회사EIC보다 2년 늦게 설립되었지만, 자본금 규모는 거의 10배에 달했다. 네덜란드가 제해권을 장악한 17세기는 곧 'VOC의 시대'였다. 프랑스, 덴마크, 스웨덴 등도 동인도회사를 설립했지만, VOC나 EIC만큼 활발히 활동하지 못했다.

네덜란드는 영국의 지원을 받아 1581년 스페인으로부터 독립을 선언했기에 처음에는 영국과 우호적이었다. 두 나라의 동인도회사는 향신료 무역의 첨병으로 포르투갈과 스페인의 무역 항로를 쟁취하는 데도 공동보조를 취했다. 1620년대에 네덜란드가 차지한 인도네시아에 EIC 상인들이 진출했던 연유다. 영국은 포르투갈의 인도 항로를 탈취해 후추 무역에 나섰지만, 값비싼 정향과 육두구는 네덜란드가 독차지했다. VOC는 정향, 육두구 재배지를 반다제도로만 국한하고, 가격이 내리면 공급량을 줄여 시장을 쥐락펴락했다. 당시 VOC는 원가 대비 수익률 1,000%의 대박을 냈다.

이것이 가능했던 것은 전성기의 VOC가 상선 150척, 군함 40척, 직원 5만 명, 군대 1만 명을 거느릴 만큼 압도적인 규모였기 때문이다. VOC는 원거리 항해에 따른 위험을 분산시키기 위해 다양한 사람들로부터 투자금을 받고 투자 증서를 주었다. 이 투자 증서가 거래되면서 암스테르담에 세계 최초의 증권거래소도 생겨났다.

VOC는 1605년 9척의 함대를 끌고 와 포르투갈이 지배하던 몰루카제도의 테르나테섬을 함락시켰다. 네덜란드가 이 지역에서 포르투갈 세력을 몰아낸 이후에는 영국도 상관을 진출시켰다. 두 나라의 경쟁 속에 향신료 가격이 오르자 양국은 향신료 구입 비율과 가격을 조정하는 담합 협정을 맺었다. 그러나 영국 상인들이 늘어나자 네덜란드가 영국인을 몰아내고 향신료 무역 독점을 꾀했다[1621]. 네덜란드가 지배하는 암본섬을 공격했다는 이유로 영국인들을 처형한 '암보이나사건'도 이런 배경에서 일어났다.

네덜란드는 1641년 동방 항로의 좁은 병목이자, 향신료 집산지인 말레이반도 끝자락의 말라카항까지 점령했다. 네덜란드는 향신료 독점으로 17세기에 호황을 누렸지만, '튤립 투기'(튤립이 인기를 얻자 네덜란드 사람들이 튤립 가격 상승을 예상하고 투기를 벌인 사건)라는 초유의 경제 거품을 겪었다.

네덜란드는 2차 영국-네덜란드전쟁[1665]의 대가로 육두구 산지이자 반다제도의 작은 화산섬인 룬섬을 지키는 대신 뉴암스테르담[뉴욕]을 영국에 넘겼다. 향신료에 국가 역량을 집중했지만, 이는 훗날 오판으로 드러났다. 18세기에 들어 향신료 재배지가 인도, 서인도제도, 심지어 아프리카의 탄자이나 잔지바르, 마다가스카르섬까지 확대되면서 가격이 폭락한 탓이다. 반면 영국은 동인도제도에서 밀려나 인도 공략에 치중했다. 인도는 엄청난 노동력에다 면화 후추 커피는 물론 아편까지 재배할 수 있었다. 암보이나사건은 결과적으로 영국을 19세기 '해가 지지 않는 나라'로 만든 전환점이었다.

세계 최대의 휴대폰 제조사
노키아가 몰락한 이유는?

: '퍼스트 펭귄'이 먹이를 구하기 어려운 까닭

한때 세계 휴대폰 시장의 50%를 점유했던 노키아는 이미 1990년대 중반에 스마트폰 시대를 예견했다. 노키아는 10년간의 노력 끝에 2006년 스마트폰을 출시했지만 혹독한 실패를 맛봤다. 이 때문에 핀란드 경제가 휘청일 정도였다. 노키아의 스마트폰이 성능이 떨어져서가 아니다. 애플리케이션이나 모바일 웹사이트는 물론 와이파이망도 제대로 구축되기 전에 스마트폰을 선보인 게 문제였다.

하지만 이듬해 애플이 아이폰을 출시하자 본격적인 스마트폰 시대가 열렸다. 소셜미디어·와이파이망 등이 빠르게 갖춰져 있었기 때문이다.

맨땅에 헤딩하는 '퍼스트 펭귄'

새로운 분야에 최초로 진출한 기업은 시장을 선점하고, 후속 경쟁자가 등장하기 전까지 독점적인 이익을 누리게 마련이다. 선발자는 경쟁자의 싹을 꺾기 위해 공급 확대, 가격 인하 등으로 진입 장벽을 높일 수도 있다. 경영학에서는 이를 '선발자의 이익first-mover advantage'이라고 부른다.

하지만 선발자가 항상 유리한 것은 아니다. 선발자는 문자 그대로 '맨땅에 헤딩하기'와 같은 상황에 직면하게 마련이다. 선발자가 독점 이익을 누리기도 전에 후발자가 진입하면 오히려 그동안 투입한 비용을 제대로 못 건질 수도 있다. 이런 상황을 '선발자의 불이익first-mover disadvantage'이라고 한다.

선발자가 겪게 되는 이익과 불이익의 양면성을 은유적으로 표현한 것이 '퍼스트 펭귄'이다. 남극에 떼 지어 사는 펭귄 무리가 먹이를 구하려면 무조건 바다로 들어가야 한다. 바닷속에는 바다표범, 범고래 등 천적들이 즐비하다. 뛰어들자니 포식자가 두렵고, 포기하자니 먹이를 구할 수 없다. 이때 위험을 무릅쓰고 뛰어드는 펭귄이 '퍼스트 펭귄'이다. 이 펭귄이 바다에 먼저 들어가 무사하면 무리 전체가 뒤따르고, 천적에 잡아먹히면 무리는 방향을 튼다.

이런 개념을 주창한 미국 카네기멜론대 랜디 포시 교수는 퍼스트 펭귄을 불이익과 고위험을 감수하는 대신 보상이 따르는 도전정신으로 설정했다. 이는 기업가 정신과도 일맥상통한다. 기업이 실패 위험을 감수하고 아이디어와 기술로 시장을 개척하면 보상도 따르지만 다른 기업들도 뒤따라 진출해 경쟁이 심화되는 것도 퍼스트 펭귄에 비유할 수 있다.

영국이 겪은 '선두 주자의 벌금'

대항해시대에 앞장서 먼바다로 나간 포르투갈과 스페인은 향신료 무역에서 오래도록 선발자의 이익을 누렸다. 다른 유럽 국가들이 지중해 바깥세상을 알지 못할 때, 두 나라는 세계를 양분했을 만큼 곳곳에 식민지를 건설했다. 두 나라는 식민지에서 쏟아져 들어오는 은과 향신료에 취해 현실에 안주하며 서서히 쇠퇴했다.

뒤이어 18세기 후반에 영국이 세계의 선두 주자로 올라섰다. 방적기, 증기기관으로 대표되는 산업혁명을 통해 유럽 변방에서 단숨에 최대 경제대국으로 부상했다. 영국에서 대량생산되는 싸고 질 좋은 면직물은 유럽 대륙과 인도의 수공업을 궤멸시키다시피 했다.

19세기 중반 이후 영국이 누린 선발자의 이익은 오히려 선발자의 불이익으로 바뀌었다. 영국은 신기술에 대한 거부감으로 기계를 파괴하는 러다이트운동 등이 일어났고, 감자대기근 등의 빈곤 문제, 노동계급의 등장에 따른 선거권 요구, 사회주의 확산 등 사회 갈등의 후유증을 제일 먼저 겪어야 했다.

또한 세계 최초로 증기자동차를 개발하고도 자동차 속도 규제법인 적기조례를 제정해 스스로 손발을 묶었다. 선발자인 영국이 적기조례로 멈춰 선 동안 경쟁자들이 분발해 20세기 자동차 시대를 열었을 때는 판도가 완전히 역전되고 말았다.

이런 선발자의 불이익을 '선두 주자의 벌금the penalty of taking the lead'이라고도 한다. 미국 경제학자 겸 사회철학자 소스타인 베블런 1857~1929은 영국이 산업혁명을 이끌었지만, 일찍 잠재력의 한계를 드러내 *2차 산업혁명 시기에는 되레 성장이 지체되었다고 보고, 이를 선두 주자의 벌금이란 용어로 설명했다. 신기술 개발은 많은 노력과 비용이 들 뿐만 아니라 기득권층의 반발, 낡은 제도와의 충돌도 불가피하다. 새로운 기술이 기존의 사상을 극복하고, 유한계급(노동하지

> **2차 산업혁명**
>
> 19세기 말부터 20세기 초에 화학·전기·석유·철강 분야 등에서 진행된 기술 혁신을 이르는 말이다. 이전의 산업혁명이 일상생활에서 쓰는 물건을 만드는 노동집약적인 경공업 중심이었던 것과 달리 자본집약적인 중화학 공업으로 산업구조가 전환되었다.

않고, 소유한 재산만으로 소비하는 계층)의 기득권을 붕괴시켜 새로운 제도를 낳기까지 큰 어려움을 겪는다는 것이다. 반대로 독일과 같은 후발자들은 시행착오를 최소화한 기술 수혜국으로, 기득권과의 마찰이 적어 변화된 환경에 쉽게 적응할 수 있었다.

신기술을 어렵사리 상용화해도 주변 여건이 뒷받침되지 않거나 기존 제도에 가로막혀 실패한 사례가 핀란드의 노키아다. 한때 세계 휴대폰 시장의 50%를 점유했던 노키아는 1990년대 중반 스마트폰 시대를 예견했다. 10년간 노력한 끝에 2006년 스마트폰을 출시했지만 혹독한 실패를 맛봤다. 이 때문에 핀란드 경제가 휘청할 정도였다.

노키아가 실패한 것은 스마트폰 성능이 떨어져서가 아니었다. 애플리케이션이나 모바일 웹사이트는 물론 와이파이망도 제대로 구축되기 전에 스마트폰을 선보인 게 문제였다. 당시에는 페이스북, 트위터 등 소셜미디어도 없었다. 자동차를 발명했는데 주행할 도로가 없는 것이나 다름없었다. 반면 이듬해 애플이 아이폰을 출시할 즈음에는 앱, 소셜미디어, 와이파이망 등이 빠르게 갖춰져 본격 스마트폰 시대가 열렸다. '재주는 곰이 넘고 돈은 왕서방이 번다'는 속담이 딱 들어맞는다.

이제 초반 선두로는 우승하기 어렵다

독일은 영국이 산업혁명을 완성한 1830년대까지도 전혀 존재감이 없었다. 중세의 신성로마제국은 유럽의 중심이었지만, 근대에는 식민지 쟁탈도, 산업화도 뒤처진 후진국이었다. 사실 신성로마제국은 낙후된 봉건 경제 체제에 가까웠다. 제후가 작은 봉토를 다스리는 체제로 된, 영방국가領邦國家 300여 개의 느슨한 연합체였다. 각 영방국가를 통과할 때마다 상인에게 따로 통행세를 징수했다. 또한 업종마다 힘이 막강한 길드가 신기술과 신산업의 싹을 억제했다.

이런 상황이었기에 1830년 독일의 경제 규모는 농업 위주인 프랑스에 비해서도 4분의 1에 불과했다. 영국이 한참 앞서 달리고, 프랑스가 뒤쫓는 가운데 뒤처진 독일에도 변화가 일어났다. 명목상 1000여 년을 유지했던 신성로마제국이 1806년 나폴레옹에 의해 해체되었다.

이어 제국 내에서 가장 강했던 프로이센의 주도로 1834년 관세동맹Zollverein이 체결되었다. 통행세가 철폐되고, 하나의 자유무역 지대로 통합된 것이다. 이는 1850~1860년대 독일에서 산업혁명을 활화산처럼 일으킨 불쏘시개가 되었다. 한편, 프로이센은 1866년 프로이센-오스트리아전쟁1866, 프로이센-프랑스전쟁보불전쟁, 1870~1871에서 연이어 승리한 여세를 몰아 1871년 마침내 독일을 통일했다. 이때 주역이 '철혈鐵血 재상'으로 불린 비스마르크였다.

독일은 자동차, 철강, 기계, 화학, 군수 등 2차 산업혁명을 선도하며 빠르게 부상했다. 1880년대에는 프랑스의 경제 규모를 앞질렀다. 세계 최초로 내연 3륜 자동차를 탄생시킨1885 칼 벤츠, 최초의 4륜 자동차를 발명1889한 고틀리프 다임러가 이 시기를 대표하는 기업가였다. 벤츠와 다임러의 경쟁 속에 독일의 산업화는 가속도가 붙었다.

독일은 1900년 미국에 이어 세계 2위 공업국으로 올라섰다. 산업화 50여 년 만에 영국을 추월한 것이다. 늦게 출발한 덕이었다. 선발자인 영국의 시행착오를 거울 삼아 검증된 것만 추종해 압축 성장이 가능했던 것이다. 독일은 영국의 공장을 모방하면서도 불합리한 공정을 줄이고, 신기술과 최신 기계를 활용했다. 영국이 겪은 선발자의 불이익이 추격자인 독일에는 후발자의 이익latecomer advantage으로 작용한 것이다.

선발자의 이익과 승자독식의 세계

19세기 초, 영국의 질주는 보호무역이라는 반작용을 초래했다. 유럽 대륙의 추격자들은 마치 트로이전쟁의 영웅 아킬레우스와 거북이가 경주를 하는 우화처럼, 아무리 쫓아도 영국을 따라잡기 어려워 자국 시장의 문을 닫아거는 쪽으로 쉽게 기울었다. 이런 보호무역의 이론적 배경을 제공한 인물이 독일의 경제학자 프리드리히 리스트1789~1846였다. 그는 독일 관세동맹을 적극 지지하면서도 자유무역이 영국 같은 강자에만 유리하다고 주장했다. 따라서 낙후된 산업이 성장할 때까지 관세를 통해 수입을 억제해야 한다는 이른바 '유치산업infant industry 보호론'을 역설했다. 리스트의 이론은 20세기 들어 뒤늦게 산업화에 나선 개발도상국에 복음이 되었다. 후발자의 이익을 누리려면 시간이 필요하기 때문이다.

실제로 현대로 올수록 후발자의 이익이 작용해, 늦게 출발한 나라들의 경제발전 속도가 훨씬 빨라졌다. 한 나라가 경제발전 초기에 도약 단계로 접어들었을 때 소득수준이 두 배가 되는 데 걸리는 기간이 점점 짧아지는 것이 그 증거다. 세계은행World Bank의 분석에 따르면 산업혁명의 원조인 영국은 경제발전 초기에 1인당 소득이 두 배가 되기까지 58년이 소요되었다. 미국이 47년 일본은 34년이었다. 반면 후발 국가인 브라질은 18년 한국은 11년 중국은 불과 10년 만에 두 배로 도약했다. 늦게 출발한 개도국은 선진국이 오랜 기간 축적한 기술과 노하우, 자본, 기계 설비 등을 바로 수입해 발전 과정을 단축할 수 있었다. 한국도 일본을 모델 삼아 '빠른 추격자fast follower' 전략으로 후발자의 이익을 누렸다.

하지만 21세기에는 이런 전략이 더 이상 먹히지 않는다. 이른바 4차 산업혁명 시대에는 후발자의 이익보다 선발자의 이익이, 선두주자의 벌금보다 승자 독식winner takes all이 두드러지기 때문이다. 산업화 시대에는 생산요소의 대량투입과 대량생산에 의해 승패가 결정되었다면 지금은 혁신innovation과 융·복합에 의해 우열이 갈리고, 승자 독식 현상도 두드러지기 때문이다. 21세기는 퍼스트 펭귄에게 더 많은 보상이 돌아가는 시대다.

Part 04

음식의
경제 세계사

커피하우스에서 어떻게
보험과 주식거래가 이루어졌을까?

: 커피가 각성시킨 정치·경제·예술·과학·금융

17세기 후반, 커피 붐과 더불어 유럽 전역에 카페 문화가 대대적으로 퍼져나가며 정치 · 경제 · 예술 · 과학 등이 커피하우스에서 번성했다. 커피하우스는 금융과도 밀접한 관련이 있는데, 특히 영국의 로이드 커피하우스에는 주로 해운업자 · 선주 · 선장 · 무역상 · 보험업자들이 모였다.

로이드는 보험업자를 위해 정기적으로 선박 리스트를 담은 뉴스 레터를 발행했다. 일부 보험업자는 로이드의 커피하우스에 부스를 임대해 영업 활동을 펼치기도 했다. 주식거래도 커피하우스에서 이루어졌다.

교황의 세례를 받은 커피, '기독교도 음료'가 되다

커피의 원산지는 아프리카 북동부 에티오피아이고, 인공 재배를 시작한 곳은 아라비아반도 남서부 예멘이다. 예멘과 에티오피아는 홍해를 사이에 둔 경쟁 관계였다. 6세기에 에티오피아가 예멘을 지배해 자연스레 커피가 전파되었을 것으로 추정된다. 9세기쯤 커피가 아라비아반도의 메카, 제다 등지로 전파되었지만 이집트, 페르시아, 터키 등 이슬람권 전역에서 유행한 것은 15세기에 가서다. 아랍어로 커피를 가리키는 까흐와qahwa는 술을 뜻하기도 한다. 술이 금지된 이슬람 세계에서 커피는 일종의 비약秘藥이자, 와인 대체재로 인식되었다. 유럽인은 이슬람권에서 유래한 커피를 '이슬람의 와인'이라 불렀다.

처음에는 커피를 으깨서 환약 형태나 빵에 발라 먹었다. 생두를 볶아 따뜻한 물에 넣어 마신 것은 13세기 들어서다. 커피는 수도자의 졸음방지제, 의사의 치료제에서 점차 부유한 이들의 사치품으로 이용되었다. 15세기에 이르러서야 지금처럼 로스팅한 원두를 갈아 물에 타 마시게 되었다. 커피는 이슬람권에서 고수익 상품으로 거래되었는데, 이슬람식 커피하우스 '카베 카네스kaveh kanes'가 생겨나 일반인도 쉽게 커피를 즐기게 된 것이다.

오스만제국은 1536년 예멘을 점령한 뒤 모카항을 통해 커피콩 수출에 나섰다. 커피를 모카에서 이집트의 수에즈까지 배로 보내면 낙타에 실어 알렉산드리아로 가져간 뒤, 베네치아나 프랑스 상인들에게 팔았다. 모카Mocha가 커피의 대명사처럼 알려진 배경이다.

유럽에서는 시커먼 커피를 이교도나 마시는 '사탄의 음료' '악마의 유혹'으로 간주했다. 그러나 중동, 이집트를 여행하며 커피를 맛본 유럽인이 차츰 늘고, 의사와 식물학자가 커피의 효능을 인식하면서 거부감은 점점 옅어졌다. 일설에는 가톨릭 사제들이 커피의 유해성을 주장하며 교황에게 금지를 청원했는데, 교황 클레멘스 8세재위 1592~1605가 커피를 맛본 뒤 "이렇게 맛 좋은 음료를 이교도들만 마시게 할 수 없다"라고 말하며 커피에 세례를 내려 '기독교도 음료'로 승인했다고 한다.

커피가 먼저 전해진 곳은 동방무역이 활발했던 베네치아였다. 1615년 커피가 전래되었고, 1645년에 '카페'로 불리는 유럽 최초의 커피하우스도 생겼다. 이탈리아 지역에서는 1640년대에 커피가 대중적 음료로 자리잡았다. 오스트리아 빈에 커피가 전해진 과정도 흥미롭다. 1683년 빈을 포위했던 오스만제국 군대가 퇴각한 자리에서 낯선 콩 모양의 포대 500개가 발견되었다. 낙타 사료인 줄 알았는데 아라비아에서 살아본 적이 있는 폴란드 출신 통역사 콜시츠키가 커피를 단박에 알아보고 빈으로 가져가 커피하우스를 열어 성공했다.

17세기 해상무역을 주름잡던 네덜란드는 향신료처럼 커피 재배에도 관심을 기울였다. 1616년 예멘의 아덴항에서 네덜란드인이 커피나무를 몰래 빼돌려 본국으로 가져간 뒤, 1658년 실론에 커피를 이식했다. 1699년에는 커피나무를 자바, 수마트라, 발리 등 동인도제도에 옮겨 심어 대규모로 재배했다. 이 지역의 생산량이 막대해 한때 커피의 국제가격을 좌우했고, 자바Java는 모카만큼 커피 산지로 유명해졌다.

프랑스는 18세기 후반 *서인도제도의 식민지 산도밍고아이티에서 커피를 재배했다. 19세기 들어 브라질, 콜롬비아, 베네수엘라 등으로 커피 재배지가 확산되었다. 유럽 열강들은 향신료, 설탕, 담배, 면화 등의 구매력이 떨어질 때쯤 커피나무를 식민지에 옮겨 심었다. 오늘날 커피를 재배하는 국가는 70여 개국에 이른다.

서인도제도

서인도제도는 아메리카 대륙의 카리브해와 대서양 연안 지역을, 동인도제도는 인도네시아를 가리킨다.
유럽에서 '인도'는 인도와 인도네시아를 통칭한다. 콜럼버스가 인도로 오인한 아메리카 대륙을 지칭하는 의미로 혼용되었는데, 여기에서 발생한 혼란을 방지하기 위해 아메리카 대륙을 서인도로 부르고, 본래의 인도와 인도네시아를 동인도로 부르면서 동인도회사라는 명칭도 탄생했다.

이성을 자극하고 원기를 북돋우는 혁명의 음료

유럽인들이 커피를 마시기 전에는 술이 일상 음료였다. 와인, 맥주를 비롯해 위스키, 브랜디, 럼, 보드카 등 어떤 술이든 마시고 취하는 게 일상이었다. 이런 유럽에서 커피를 마시게 된 것은 역사를 바꾸는 전환점이 되었다. 커피는 카페인 중독성 외에는 별다른 부작용이 없으며, 이성을 자극하고 원기를 북돋우는 음료였다. 마침 17세기 초

서인도제도의 설탕이 보급되어 쓰디쓴 커피의 대중화를 더욱 가속화했다.

17세기 후반 유럽 전역에 커피 붐과 더불어 카페 문화가 대대적으로 퍼져나갔다. 영국에서는 옥스퍼드1650에 이어 런던에 '파스카 로제 하우스'라는 커피하우스1652가 등장했다. 50년 새 런던의 커피하우스는 100여 곳일설에는 2,000~3,000곳으로 불어났다. 커피 한 잔 값인 1~2페니만 있으면 몇 시간이고 죽치고 앉아 다양한 대화를 듣고, 누구나 학생이 되고 누구나 교수가 될 수 있었다. 때문에 커피하우스는 '페니 대학'이란 별명을 얻었다.

프랑스 파리에는 이탈리아 이민자가 만든 커피하우스 '르 프로코프'가 문을 열었다1686. 파리의 작가, 음악가, 배우 등이 이곳에 모여들었다. 볼테르, 루소, 디드로, 달랑베르, 위고, 랭보 등을 비롯해 당시 프랑스를 방문한 미국의 정치가 벤저민 프랭클린 등 유명 인사들이 이 커피하우스를 드나들었다.

커피에 대한 반발도 일어났다. 남편을 종일 커피하우스에 빼앗긴 여성들은 커피 금지 탄원서까지 제출했다. 커피 확산을 막을 핑곗거리를 찾던 영국의 왕 찰스 2세는 '나태한 불평분자들이 국왕과 정부를 비방하는 것을 막기 위해서'라는 명분으로 한때 커피 금지령1675을 내리기도 했다.

커피는 18~19세기 정치혁명과도 밀접한 관련이 있다. 프랑스혁명도 커피하우스에서 잉태되었다. 루이 14세 때 사람들은 살롱과 선술

집 대신 커피하우스에 모였다. 미국 독립의 도화선이 된 보스턴차사건1773은 '그린 드래곤'이라는 커피하우스 겸 술집에 모인 인사들이 주도했다. 보스턴항에 정박한 영국 동인도회사의 배에 실려 있던 차茶 상자 342개를 내던진 것이다. 이를 계기로 미국인은 차를 마시지 않는 것을 애국으로 여겼고, 차 대신 커피를 '국민 음료'로 삼았다.

커피는 문학과 예술에서 창의력의 원천이 되기도 했다. 커피 하면 빼놓을 수 없는 인물이 작가 오노레 드 발자크1799~1850였다. 100여 편의 소설을 남긴 발자크는 하루 40~50잔씩, 평생 5만 잔의 커피를 마셨다. 그는 "정신이 확 깨어난다. 아이디어가 즉각 행군을 개시한다. 형상과 모양, 인물이 불쑥불쑥 솟아나면서 종이가 잉크로 뒤덮인다. 밤의 작업은 이 까만 물의 분출로 시작되고 끝난다"라고 커피를 찬양했다. 발자크가 50대 초반 사망해 과도한 카페인 복용은 문제라는 지적도 있지만, 볼테르와 괴테는 하루 10~20잔씩 커피를 마시고도 여든이 넘게 살았다.

'음악의 아버지' 요한 제바스티안 바흐는 익살스러운 〈커피 칸타타세속 칸타타 211〉를 남겼다. 악성樂聖 베토벤은 정확히 커피콩 60개를 갈아 커피 한 잔을 추출해서 마셨다. 그는 "커피 한 잔을 만드는 원두는 내게 60가지 영감을 준다"라고 했다. 때문에 60은 커피 업계에서 '베토벤 넘버'로 불린다. 실제로 에스프레소 한 잔을 추출하는 데 그 정도의 원두가 들어간다.

커피하우스에서 번성한 금융과 과학

17~18세기, 런던의 커피하우스는 정치인, 지식인, 종교인, 작가뿐 아니라 상인, 무역상, 금융가, 변호사, 선원, 과학자, 기술자 등 온갖 부류의 사람들이 모여들었다. 그중에는 핼리 혜성을 발견한 에드먼드 핼리도 있었다. 핼리는 당시 행성궤도와 중력 간의 상관관계에 대한 가설을 놓고 커피하우스에 모인 과학자들과 논쟁을 벌였다. 이 아이디어를 아이작 뉴턴과 상의했는데, 뉴턴이 이를 토대로 《프린키피아》를 발표하며 근대 물리학의 초석을 세웠다.

커피하우스는 보험, 증권 등 금융 분야와도 떼려야 뗄 수 없다. 1680년대 에드워드 로이드1648~1713가 런던에 문을 연 '로이즈 커피하우스'는 보험업으로 발전했다. 로이즈 커피하우스에는 주로 해운업자 · 선주船主 · 선장 · 무역상 · 보험업자들이 모였다. 로이드는 보험업자들을 위해 정기적으로 선박 리스트를 담은 뉴스레터Lloyd's News를 발행했다. 일부 보험업자는 로이즈 커피하우스에 부스를 임대해 영업했는데, 이것이 오늘날 보험업자들의 협회인 런던로이즈의 유래다.

주식거래도 커피하우스에서 이루어졌다. 영국 정부가 증권 브로커의 수를 제한하자 수많은 브로커가 조너선의 커피하우스에 모여 장외 거래소를 열었다. 런던증권거래소의 모태다. 증권 거래의 결제를 이행하지 못한 브로커는 커피하우스 출입이 금지되었다. 이밖에 〈런던 가제트〉〈태틀러〉〈스펙테이터〉 같은 신문들도 커피하우스에서 출발했다.

애덤 스미스의 《국부론》도 커피하우스에서 탄생했는데, 스미스는 이 책의 대부분을 스코틀랜드 지식인들이 모이던 런던의 한 커피하우스에서 집필했고, 글을 미리 배포해 평가받기도 했다. 커피하우스가 경제와 과학에서 근대 혁명의 일익을 담당한 셈이다.

오늘날에도 커피 문화의 중심지로 일컬어지는 미국 시애틀에는 흥미롭게도 스타벅스 본사와 함께 최대 소프트웨어 기업인 마이크로소프트와 전자상거래 기업인 아마존이 자리잡고 있다. 커피는 혁명의 시대에는 열정을, 혁신의 시대에는 이성을 북돋우는 특성을 지닌 셈이다.

커피 원두는 분쇄된 상태에서 쉽게 산패酸敗하는 단점이 있다. 이를 극복한 것이 일본계 미국인 가토 사토리가 1901년 발명한 인스턴트커피다. 커피 액을 농축시켜 만든 인스턴트커피는 2차 세계대전 때 미군 보급품으로 주목받으며 커피의 세계화를 가속화했다. 그러나 커피는 여전히 노동집약적인 산업이다. 개발도상국 커피 노동자의 하루 일당이 선진국의 커피 한 잔 값에 불과해 *공정무역에 대한 관심도 확산되고 있다.

공정무역

생산자와 소비자의 상호 존중에 기반하여 생산자에게 유리한 조건으로 교역하는 무역 협력을 말한다.

중세 유럽에서
맥주 제조를 권장한 이유는?

: 맥주 제조업을 주요 산업으로 발전시킨 맥주순수령

9세기 수도원에서 걸쭉하던 맥주에 최초로 홉을 첨가함으로써 현대 맥주의 원형이 탄생했다. 이렇게 맥주의 품질이 높아지고 값도 싸지면서 도시 서민에게도 맥주가 널리 퍼졌다. 맥주 제조업이 도시의 중요한 산업으로 자란 것이다.

그러자 1220년 독일의 자유도시 울름에서 최초로 맥주세를 물린 것을 시작으로 각국은 세금 수입을 위해 납세의무가 없는 수도원 대신 민간 전문 양조업자에게 맥주 제조를 권장했다.

시원하게 즐기는 세계 3대 맥주 축제

독일 남부 바이에른주 뮌헨에서는 해마다 9월 말~10월 초에 2주 간 옥토버페스트Oktoberfest가 열린다. 옥토버페스트는 독일어로 '10월 Oktober 축제festival'라는 의미다. 1810년에 시작된 세계 최대의 민속 축 제이자 맥주 축제로 유명하다. 맥주 종주국답게 독일의 옥토버페스 트를 즐기기 위해 세계 각지에서 한 해에 600~700만 명이 몰려든다. 거대한 천막에서 한꺼번에 수천 명이 맥주를 들이켜는 모습이 장관 이다. 관광객들은 독일 민속 의상을 차려입고, 각종 공연과 서커스, 영화 등을 즐기며 가을에 갓 담은 맥주를 마신다. 축제 기간에 대략 600만*l*(리터)500cc 잔으로 1,200만 잔의 맥주가 팔린다.

옥토버페스트는 독일 연방에 속하는 바이에른 왕국의 루트비히 왕자와 작센 *공국公國의 테레제 공주가 1810년 10월 12일 뮌헨에서 결혼식을 올 리고 일주일간 축하연을 연 것이 그 유래 다. 나폴레옹전쟁 시기에 띄엄띄엄 열리 다 1819년부터 뮌헨시의 주최로 연례행 사가 되었다. 200년 동안 1·2차 세계대

공국

유럽이 봉건 제후의 영지로 분할되 었던 중세에 공작, 후작 등 작위를 받은 귀족이 다스리던 작은 나라다. 독립된 세습 왕조이지만, 왕국보다 는 격이 낮다.

전 등 전쟁과 전염병 확산 등으로 24차례 열리지 못했고, 1980년에

는 폭탄 테러로 수많은 사상자를 내기도 했다. 그러나 이제는 빼놓을 수 없는 독일의 관광 명물로 자리잡았다.

'즐거움 그것은 맥주, 괴로움 그것은 원정'

맥주는 영어로 비어beer다. 독일어 'Bier' 프랑스어 'biere' 이탈리아어 'birra'와 비슷하다. 비어의 어원에는 세 가지 설이 있다. 첫째, 문명 발상지인 메소포타미아 지역의 수메르 언어로 빵죽을 뜻하는 바피르bappir 둘째, 고대 게르만족 언어로 보리·곡물을 가리키는 베레bere 셋째, 라틴어로 '마신다'는 의미의 비베레bibere가 그것이다. 라틴어로 맥주는 '케르비시아cervisia'이다. 케르비시아는 로마신화에 나오는 곡물, 대지의 여신 케레스그리스신화의 데메테르에서 온 명칭이다. 중세에 갈리아인켈트족이 집집마다 만든 곡주인 세르부아즈cervoise, 스페인어로 맥주를 뜻하는 '세르베사cerveza'에 그 흔적이 남아 있다.

맥주를 보리로 만들었고 고대부터 즐겨 마셨으니 어원이 이해가 되지만, 수메르어로 빵죽이란 의미는 낯설다. 하지만 맥주가 빵을 만드는 과정에서 유래한 점을 알면 납득이 된다. 보리, 밀 등 곡물을 물에 불리면 공기 중 효모이스트에 의해 자연 발효가 일어난다. 쌀을 발효시키면 걸쭉한 막걸리가 되듯이 발효된 보리도 음료라기보다는 죽에 가까웠다. 아주 옛날에 어떤 여성고대의 빵, 맥주 제조는 여성의 역할이 빵을 만들려고 보릿가루를 물에 담근 채 깜빡 잊었다가 며칠 지나 찾아보니 걸쭉한 알코올이 생겨난 게 맥주의 기원일지도 모른다. 이렇게 만들어진 보리죽은 기분이 좋을 정도의 알코올과 풍부한 영양을 갖춰 '액체 빵Pain liquide'이란 별칭으로 불렸다. '액체 빵'은 전쟁이나 토목공사 등 사역이 잦았던 고대의 일꾼들에게 배급된 필수 식량이기도 했다. '즐거움 그것은 맥주, 괴로움 그것은 원정'이라는 고대 수메르의 기록이 맥주의 위상을 짐작하게 한다.

최초의 맥주는 BC 4000년쯤 보리빵이 주식이던 수메르에서 생겨났다는 게 정설이다. 맥주 양조장을 운영했고, 지푸라기 빨대로 맥주를 마시는 모습이 유적에 새겨져 있다. BC 3000년쯤 이집트로 전해진 맥주는 신에게 바치는 음료이자, 노동자에게 지급되는 임금이었다. 이집트의 유물 중에는 맥주를 만드는 형상도 있다. 바빌로니아의 함무라비법전BC 1750에는 맥주와 관련된 조항들이 여럿 있다. 이를테면 맥주를 사고팔 때는 값을 곡물로 치르지만, 외상 술값은 은으로만 받도록 했다. 맥주량을 속이면 물에 던져 처벌하고, 맥주에 물을 타서 팔면 그 술을 모두 마시게 하는 벌에 처했다. 또한 매일 맥주 배급량을 고위 관리와 성직자는 5l, 하급 관리는 3l, 노동자는 2l로 정해놓기도 했다.

하지만 그리스·로마시대에는 맥주가 홀대받았다. 와인은 '신의 음료'라며 최상으로 쳤지만, 맥주는 야만족게르만족의 역겨운 발효 음료로 낮춰 봤다. 그러다가 카이사르의 갈리아 원정 때 맥주가 병사들의 영양 공급원으로 각광받으면서 대중적인 음료로 널리 퍼졌다.

중세에는 수도원을 중심으로 맥주 양조법이 발전했다. 수도사의
빈약한 식단을 메우는 영양 보충용이자 주된 수입원으로 맥주를 제
조했다. 특히 맥주 맛을 높이는 방법을 연구하던 수도사들이 홉hop
을 첨가하면 풍미가 높아진다는 사실을 발견했다. 이를 계기로 걸쭉
하고 뿌연 고대 맥주에서 투명한 중세 맥주로 변신한 것이다. 맥주
의 품질이 높아지고 값도 싸지면서 도시 서민에게도 맥주가 널리 퍼
졌다. 그렇게 맥주 제조업이 도시의 중요한 산업으로 자랐다. 그러자
1220년 독일의 자유도시 울름에서 최초로 맥주세稅를 물린 것을 시
작으로, 각국은 세금 수입을 위해 납세의무가 없는 수도원 대신 민간
의 전문 양조업자들에게 맥주 제조를 권장했다.

'맥주' 하면 '독일'을 떠올리게 한 맥주순수령

독일이 맥주 종주국이 된 것은 흔히 물이 나빠 물 대신 맥주를 많
이 마신 것 때문이라고 알려졌다. 독일 맥주는 종류만 3,000여 가
지에 이른다. 하지만 진짜 이유는 따로 있다. 상쾌하고 신선한 맥주
의 기원이 바로 독일이기 때문이다. 그 계기가 1516년 반포된 '맥주
순수령麥酒純粹令'이다. 맥주순수령은 영어로 'Beer Purity Law', 독일
어로 'Reinheitsgebot'이다. 바이에른 공국의 빌헬름 4세가 맥주 원

료를 보리, 홉, 물로만 제한한 법이다. 한마디로 맥주에 이것저것 섞지 말라고 제조 방식을 규제한 것이다. 바이에른주는 지금도 독일의 1,300여 개 맥주 업체 중 절반이 몰려 있을 만큼 맥주의 중심지다.

맥주순수령의 목적은 세 가지였다. 밀, 호밀 등의 사용을 억제해 식량을 확보하고, 맥주 품질을 높여 맥주세 수입을 올리며, 저질 맥주를 만드는 악덕 업자를 도태시키려는 것이다. 이 법은 갑자기 등장한 게 아니다. 맥주에 홉을 첨가하면서 독일 각지에서 기술 경쟁이 벌어졌다. 맥주에 약초 향신료 등 이것저것을 첨가하고, 심지어는 독초를 넣어 빨리 취하게 만드는 등 폐해가 컸다. 일부 수도원에서 생겨난 밀 맥주가 널리 퍼지면서 식량이 부족해지는 문제도 생겼다. 이 때문에 12세기 이후 바이에른 공국에 속하는 도시들은 저질 맥주를 만들면 벌금을 물렸다. 또한 밀 대신 보리로만 맥주를 만들게 했고 소나무 껍질, 열매 등 다른 재료를 넣는 것을 금지하는 법령도 시행했다. 빌헬름 4세의 부친 알브레히트 4세 때 이미 뮌헨의 양조업자들에게 보리, 홉, 물만 원료로 쓰게 하고 가격도 통일시켰다. 빌헬름 4세는 일부 도시에서 제각기 시행되던 맥주 관련 법률을 통합해 바이에른 공국 전체에 적용한 것이다.

맥주순수령은 맥주 제조의 표준이 되었다. 19세기 초에는 밀로 맥주를 만드는 것도 허용되었다. 그리고 맥주순수령이 독일 전역으로 퍼진 것은 20세기 초에 이르러서다. 맥주 양조 방식이 다른 여타 지역들이 이를 기피했기 때문이다. 유럽연합EU 출범에 앞서 프랑스, 벨기에 등이 독일의 맥주순수령을 비관세장벽이라고 반대해 1987년 부터 수출입 맥주에는 적용하지 않는다.

홉과 파스퇴르가 빚어낸 현대 맥주

9세기 수도원에서 걸쭉하던 맥주에 최초로 홉을 첨가함으로써 현대 맥주의 원형이 탄생했다. 홉은 12세기 들어 독일에서 맥주의 주된 재료로 보편화되었다. 홉은 최대 5m 이상 자라는 넝쿨식물로, 열매처럼 생긴 초록색 꽃을 수확한다. 홉을 맥주에 첨가하면 보리 맥아麥芽의 단맛을 잡아주어 맥주 특유의 쌉쌀한 맛과 향을 내고 거품을 만들어내며, 항균 효과를 높이고 단백질 침전에 의한 청정 효과까지 내므로 일석사조一石四鳥였다. 맥주순수령 이전에는 맥주에 다양한 약재, 허브, 심지어 독초를 첨가했다. 맥주의 부패를 늦추려는 목적인데, 첨가물이 천차만별이어서 맥주 품질도 들쭉날쭉했다. 반면 홉은 천연 방부제 역할을 해, 맥주의 장기 보관을 가능하게 했다. 유럽에서 만든 맥주를 열대 지역을 거쳐 인도까지 보낼 수 있었던 것도 홉 덕분이었다.

19세기 들어 맥주는 과학기술의 발전에 힘입어 비약적으로 성장했다. 특히 루이 파스퇴르는 박테리아와 발효 연구를 통해 열을 가함으로써 맥주를 장기간 보관할 수 있는 방법저온살균법을 개발했다1864.

그는 정작 맥주를 싫어했지만, 그의 연구 덕에 오늘날 6,000여 종에 달하는 세계 맥주를 즐길 수 있게 된 것이다. 이외에도 냉장 기술, 순수 효모 배양 기술 등이 개발되어 맥주 품질을 일정하게 유지할 수 있게 되었다. 6000년간 인류의 지혜가 쌓이고 쌓여 오늘의 맥주가 탄생한 것이다.

참고로 보리에서 맥주가 되기까지는 맥아 제조·발효·숙성·여과 등 4단계 공정을 거쳐야 한다. 발효를 일으키는 효모가 발효될 때 거품과 함께 위로 뜨면 상면上面 발효 맥주, 아래로 가라앉으면 하면下面 발효 맥주가 된다. 상면 발효 맥주는 상대적으로 고온인 18~25도에서 발효되어 대개 도수가 높고 색깔, 맛, 향이 진하다. 영국의 에일 ale이 대표적인 상면 발효 맥주다. 이에 비해 하면 발효 맥주는 저온인 7~12도에서 발효가 끝난 뒤 효모가 가라앉아 밝은 황금빛을 띠며 청량감이 강한 맥주다. 대표적인 하면 발효 맥주가 라거lager다. 라거는 독일어로 창고를 뜻하는데, 주로 창고에 저장해 만든 데서 붙여진 이름이다. 냉장 설비가 없던 19세기까지는 상면 발효 맥주가 주종이었지만, 지금은 하면 발효 맥주가 세계 맥주 소비량의 70% 이상을 차지한다. 기네스 같은 흑맥주는 커피콩을 볶는 로스팅처럼 맥아를 태워 만든 맥주다. 색깔은 물론 맛과 향도 일반 맥주와는 차이가 있다.

면은 어떻게 전 세계에서
주요리로 자리잡았을까?

: 세계인의 입맛을 사로잡은 누들

수천 년에 걸쳐 형성된 실크로드는 비단만 오간 길이 아니다. 밀과 국수도 이 길을 따라 서에서 동으로, 동에서 서로 전파되었다. 학자들은 이 길을 '누들로드'라고 명명했다. 도시의 수많은 노동자가 빠르게 한 끼 식사를 때울 음식으로 국수만한 것이 있을까? 국수는 최초의 패스트푸드라고 해도 과언이 아니다.

참을 수 없는 국수의 매력

국수는 누구나 좋아한다. 밥보다 면을 더 선호하는 사람도 있다. 짜장면, 라면, 냉면, 막국수, 우동, 잔치국수 등 면으로 된 것이면 가리지 않고 즐긴다. 한국인이 먹는 짜장면은 하루 150만 그릇으로 추정된다. 또 세계라면협회WINA의 2017년 통계에 따르면 한국인은 라면을 연간 38억 3,000만 개, 1인당 76.1개를 먹는다. 연간 소비량은 세계 7위이지만, 1인당 소비량은 2위인 베트남의 52.6개를 앞서 단연 1위다.

한국인만 그런 것도 아니다. 중국의 면 요리, 일본의 라멘과 소바, 베트남 포쌀국수, 태국 팟타이볶음국수, 말레이시아 락사매운쌀국수 등 아시아에서는 쉽게 면을 맛볼 수 있다. 이탈리아 파스타도 빼놓을 수 없다. 면 요리는 아시아와 이탈리아를 넘어 세계인의 주요 식단으로 자리잡았다. 특히 미국에서는 차이나타운, 리틀이탈리아 등을 통해 이민자들의 국수 문화가 널리 퍼졌다. 거기다 인스턴트 라면은 국수를 세계인의 음식으로 만들었다.

국수는 한자로 면麵, 영어는 누들noodle이다. 'noodle'은 독일어로 국수를 뜻하는 '누델nudel'에서 왔다는 설과 라틴어로 매듭을 가리키는 '노두스nodus'가 어원이라는 설이 있다. 로마시대의 유적에서 파스타를 만드는 도구가 발견된 것을 보면 후자가 더 설득력 있어 보인다. 파스타는 라틴어로 반죽pasta을 뜻하며 영어의 'paste'도 여기서 나왔다. 순우리말 국수는 '갓 뽑아낸 면을 물에 담갔다가 손으로 건지다'라는 면 만드는 방식이 명칭으로 굳어진 것이다.

누들로드 위의 밀과 국수

국수는 쌀, 메밀 등으로도 만들지만 주원료는 밀小麥, wheat이다. 밀은 BC 7000년께 메소포타미아의 '비옥한 초승달' 지역에서 처음 재배되었다. 이 지역에서 사용한 맷돌이 유물로 남아 있다. 마지막 빙하기가 끝나고 시작된 신석기 농업혁명의 일환이었다. 밀은 쌀과 달리 6~7겹의 질긴 껍질을 벗기고 빻아 밀가루를 채취하기까지 상당한 기술과 노동력이 필요하다. 반면 기온과 습도가 높은 아시아에서는 밀 대신 주로 쌀을 재배했다. 쌀은 노동집약적이면서 밀보다 산출량이 많아 더 많은 인구를 부양할 수 있다. 아시아의 인구밀도가 높아진 배경이다.

밀은 중앙아시아를 거쳐 BC 5000년께 중국으로 전래되었다. 황하유역은 기후가 서늘하고 건조해 밀 재배에 적합했다. 국수도 밀과 함께 중앙아시아를 거쳐 중국에서 번성했다. 이 경로는 실크로드와 거의 일치한다. 말린 면은 유목민의 비상식량 역할을 했다.

거꾸로 중국의 국수 문화가 중동과 유럽에 전파되었다는 주장도 있다. 황하 상류의 라지아 지방에서 BC 2000년께로 추정되는 가장 오래된 국수의 흔적이 발견되어 중국 기원설의 증거로 제시되었다. 그러나 국수의 기원은 여전히 오리무중이다. 지금도 중국, 아랍, 이탈리아가 서로 원조라고 주장한다.

수천 년에 걸쳐 형성된 실크로드는 비단만 오간 길이 아니다. 밀과 국수도 이 길을 따라 서에서 동으로, 동에서 서로 전파되었다. 학자들은 이 길을 '누들로드noodle road'라고 명명했다. 2008년 KBS 다큐멘터리 〈누들로드〉가 세계적인 반향을 일으키면서 이 용어가 널리 알려졌다.

밀을 재배해 밀가루를 얻는 과정도 복잡하지만 이를 국수로 만드는 것도 상당한 기술과 노력이 필요하다. 인류 초기의 국수는 지금과는 모양이 많이 달랐다. 밀가루 반죽을 떼 내어 익힌 것으로, 수제비 같은 형태였다. 국수 하면 흔히 가늘고 긴 면을 떠올리지만, 이는 매우 좁은 의미의 면ᴺᴸ이다. 긴 스파게티가 파스타의 부분집합이듯이 면 요리는 모양과 형태가 다양하다.

지금처럼 긴 면은 3세기 중국 삼국시대 위나라에서 생겨났다. 중국에서 면이 대중화한 것은 11~12세기 송나라 때다. 송나라는 상업이 번성하면서 인구도 급증해 거대 도시가 생겨났다. 도시의 수많은 노동자가 빠르게 한 끼 식사를 때울 음식으로 국수만한 것이 있을까? 국수는 최초의 패스트푸드였던 셈이다.

젓가락 문화권과 밀접한 면 요리

조선시대 문헌에 나오는 국수 요리는 온면, 냉면, 비빔국수, 칼국수, 콩국수 등 약 60종에 달한다. 우리나라에서 결혼식 때 잔치국수를 먹듯이 중국인은 생일에 장수면을 먹는다. 긴 국수처럼 혼례 인연이 길게 이어지거나 무병장수를 기원하는 뜻이 담겼다. 일본에는 해마다 마지막 날에 메밀국수인 도시코시 소바^{해넘이}를 먹는다. 잘 끊어지는 소바처럼 한 해를 매듭짓는다는 의미다.

면은 젓가락 문화권과 밀접하게 연결되어 있다. 문화사학자 Q. 에드워드 왕의 저서 《젓가락》에 따르면 인류 최초의 젓가락은 중국 장쑤성의 신석기 유적지에서 발굴된 가느다란 동물 뼈다. BC 6600년 ~BC 5500년 사이의 유물로 추정된다. 초기의 젓가락은 식사 도구보다는 조리 도구로 쓰였다. 뜨거운 음식을 만들 때 재료를 집거나 휘젓고, 땔감을 다루는 데 젓가락을 썼다. 국수, 만두 등 밀가루 음식이 보급되면서 젓가락이 식사 도구로 자리잡은 것으로 추정된다.

젓가락은 한국, 중국, 일본 등 3국의 문화다. 이것이 동남아의 베트남, 태국, 인도네시아, 말레이시아, 싱가포르 등지로 전파되었다. 현재 세계에서 젓가락 사용 인구는 28%로, 포크와 나이프 사용 인구와 거의 비슷하다. 그 외에 인도, 중동, 아프리카 등지에서는 손으로 음식을 먹는다. 서양인은 파스타를 포크로 감아 먹는다. 그러나 면이 보편화되면서 젓가락질을 하는 서양인도 늘고 있다.

흥미로운 것은 한·중·일 젓가락의 차이다. 원탁에 빙 둘러앉아 식사하는 중국인은 굵고 긴 나무젓가락을 쓴다. 밥공기를 들고 먹는 일본인은 반대로 짧은 나무젓가락이다. 한국인만 유일하게 쇠젓가락을 쓰고, 길이는 중국과 일본의 중간 정도다. 한반도에 금, 철, 구리 등의 매장량이 풍부해 일찌감치 금속가공 기술이 발달한 데서 유래한 것으로 보고 있다. 왕실에서는 은 젓가락을 썼다. 독성 물질이 닿으면 검게 변하는 은수저는 음식에 독이 들었는지 확인하는 데 유용했기 때문이다.

파스타는 귀족이나 성직자가 먹는 귀한 음식

지중해 일대에서는 오래전부터 빵만큼 보편적이지는 않았어도 면을 먹은 것으로 추정된다. BC 1세기 로마의 시인 호라티우스는 그리스인들이 얇은 반죽을 기름에 튀긴 '라가눔laganum'을 먹었다고 기록했다. 이것이 5세기 로마 요리책에 '라가나lagana'로 소개되었다. '라가나'는 얇은 반죽과 고기가 들어간 속을 층층이 쌓아 익힌 것으로, 이탈리아 파스타의 하나인 '라사냐lasagna'가 되었다.

말린 국수, 즉 건면乾麵이 처음 등장한 곳은 동지중해 연안이었다. 5세기 《예루살렘 탈무드》에 등장하는 '이트리아itria'는 팔레스타인의 아람어로 생면, 건면 등 모든 면을 가리켰다. 여기서 파생된 말이

10세기 아랍어로 끈 모양의 말린 국수를 뜻하는 '이트리야triyya'였다. 면을 가리키는 단어가 있었다는 점은 그만큼 널리 보급되었다는 증거다.

이탈리아 남부 시칠리아 섬에서 1154년 보통 밀보다 단단하고 단백질 함량이 높은 듀럼밀로 만든 건조 파스타pasta secca를 먹었다는 기록이 있다. 그 전까지는 생파스타 위주였다. 건조 파스타는 생파스타와 달리 장기 저장과 대량 운송이 가능한 게 장점이다. 시칠리아가 902~1091년 이슬람의 지배를 받는 동안 아랍식 건면이 전래된 것은 자연스런 일이었을 것이다. 파스타는 1200년을 전후해 이탈리아 본토와 프랑스로도 전파되었다. 특히 나폴리는 '마카로니의 도시'로 유명했다. 그러나 파스타는 여전히 품이 많이 들어 귀족, 성직자나 먹는 귀한 음식에 속했다. 이탈리아 일반 가정에까지 확산된 것은 17세기에 면 압출기국수기계가 개발되면서부터다.

배고픔을 몰아낸 라면 혁명

오늘날 가장 쉽게 접할 수 있는 국수는 라면이다. 세계적으로 한 해에 1,000억 개가 팔린다. 세계인의 주식인 쌀, 빵 다음으로 라면을 많이 먹는다. 라면의 어원은 중국어 라미엔拉麵이다. 라미엔의 일본어 발음이 라멘이고, 우리말로 라면이 되었다. 중국의 라미엔은 밀가루 반죽을 길게 늘여 만든 수타면을 고기, 채소가 들어간 국물에 넣은 음식이다. 우리가 먹는 라면처럼 간단히 만들 수 있는 것은 아니다. 라미엔이 오래 보관할 수 있고, 조리가 쉽고, 가격도 싼 즉석 라면으로 재탄생한 데는 한 일본인 사업가의 헌신적인 노력이 있었다.

2차 세계대전 이후 배고픔이 일상이던 1950년대, 닛신식품 설립자인 안도 모모후쿠1910~2007는 한 선술집에서 주인이 어묵에 밀가루를 입혀 튀기는 것을 보고 라면을 착안했다. 당시에 밀가루가 전후 구호물자로 보급되었지만, 밥 위주의 식습관 탓에 외면당했다. 안도는 연구 끝에 면을 튀겨 빠른 건조와 장기 보관이 가능한 라면을 처음 세상에 내놨다1958. 1971년에는 보다 간편한 컵누들컵라면도 발명했다. 안도는 라면 발명으로 큰돈을 벌 수 있었지만, 제조 특허를 포기해 누구나 기술을 이용하도록 했다. 그 덕에 한국에서 삼양라면이 나올 수 있었다1963.

어릴 적 배고픔을 체험한 안도는 2007년 97세로 사망할 때까지 하루 한 끼는 라면으로 식사했다고 한다. 그의 좌우명은 '식족세평食足世平 식창위세食創爲世'였다. '먹을 것이 풍부하면 세상이 평화롭고, 세상을 위해 먹을 것을 만든다'라는 뜻이다. 누구나 아주 저렴한 비용으로 한 끼 식사를 해결할 수 있게 한 라면은 세계 음식문화사의 혁명으로 평가된다.

누구나 고기를 먹게 된 것은
언제부터일까?

: 권력의 상징에서 비만의 주범으로

19세기 말, 소고기가 대중화하면서 미국에서는 소 사육과 도축이 규모 있는 산업으로 발전했다. 미국 중서부 대평원에서는 옥수수가 대량 재배되어 그 주위에 소 사육 지대가 형성되었다. 긴 띠처럼 형성된 콘 벨트와 비프 벨트가 만나는 지점인 시카고에 자연스레 대규모 도축장과 가축, 곡물 등을 거래하는 세계 최대 상품거래소가 들어섰다.

시카고 도축장에서는 소를 컨베이어에 매달아 이동시키며 도축·절단·세척·포장 작업을 했다. 헨리 포드가 이런 공정을 벤치마킹해 자동차 조립공장을 만든 것은 유명하다.

권력과 계급의 상징이 된 육식

소는 중요하고 귀중한 단백질 공급원이다. 그러나 농부가 트랙터, 경운기 역할을 하는 소를 잡아먹는 것은 상상하기 어려웠다. 설사 소를 잡더라도 고기를 장기간 보관할 수도 없었다. 따라서 소 도살은 카니발carnival이나 종교 의례 같은 특별한 경우로 국한되었다. 카니발은 라틴어 'carne vale고기여, 안녕'에서 유래했다. 사순절예수 부활절 이전 40일간의 속죄 기간에 앞서 1~2주간 진탕 먹고 놀던 축제였다.

고대 그리스의 시인 호메로스가 인간을 '빵을 먹는 존재'로 정의했듯이 그리스 · 로마시대에는 곡물을 경작cultivate해 빵을 만드는 것이 곧 문화culture이자 문명이었다. 유럽 북부의 게르만족, 켈트족 등이 즐기는 육식은 야만으로 간주되었다.

소는 식용으로 거의 키우지 않았다. 초지가 부족해 종일 풀을 뜯는 소를 고기로 먹는 것이 비경제적이었던 탓이다. 그래도 영양 보충을 위한 육식은 필수였다. 로마시대 상류층의 연회에서는 주로 돼지나 양, 닭, 오리 등의 고기를 먹었다. 청새치, 청어, 농어, 도미 같은 생선도 자주 올랐다. 대다수 평민들은 '빵과 서커스' 정책에 따라 무상으로 돼지고기와 기름이 배급될 때나 맛볼 수 있었다. 따라서 지배층에게 육식은 권력의 상징이며 전쟁 수행 능력과 활동 에너지를 공급하는 음식으로 인식되었다. 고기는 곧 강자의 음식이었고, 그 자체로 신분과 계급이었다.

육식은 게르만족이 지배계급으로 올라선 중세에도 선호되었다. 특히 프랑크왕국에서는 육식 금지가 무장해제와 동일한 처벌로 간주되었을 정도였다. 하지만 고기, 특히 소고기는 여전히 왕과 귀족이나 먹는 귀한 음식이었다. 농노들은 어쩌다 고기가 생기면 스프나 스튜로 먹었을 뿐 주식은 빵이었다. 그나마 해마다 곡식을 모두 소진한 늦겨울과 아직 덜 자란 한여름에는 굶주림이 되풀이됐다. 기독교는 '7가지 대죄大罪' 가운데 하나로 탐식貪食을 지목했다. 또 교리와 교회법에서는 1년에 140~160일간 육식을 금지했다. 금육禁肉으로 속죄하라는 의도이지만, 실제로 먹을 것이 부족했던 이유도 있었다.

15세기 말 대항해시대도 소고기와 연관이 있다. 모험가들이 위험을 무릅쓰고 먼바다로 나간 것은 이슬람 세력에 의해 막힌 후추 수입항로 개척이 주목적이었다. 냉동·냉장 기술이 없어 고기 부패를 막고 풍미를 살리는 데 후추 등 향신료가 필수였기 때문이다.

입을 즐겁게 하는 소고기, 음식에서 요리로

고기를 불에 구운 스테이크는 본래 북유럽의 거친 야만족 식습관에서 유래한 것이다. 스테이크steak란 말도 노르웨이 고어古語 'steik'

에서 왔다. 직접 불에 구운 고기는 폭력성, 호전성의 이미지가 있다. 특히 왕의 식단은 고기 일변도였다. 지금은 질병으로 치부되는 비만이 당시에는 부와 권력의 상징이었다. 프랑크왕국 샤를마뉴 대제재위 768~814, 잉글랜드의 헨리 8세재위 1509~1547 등은 과도한 육식으로 인해 통풍痛風을 앓은 것으로 유명하다.

절대왕정시대에 접어들자 왕이 권력 과시 목적으로 자주 연회를 열면서 궁정 예절과 식사 예법이 생겨났다. 세계 최고 요리로 꼽히는 프랑스 요리는 왕실 결혼에서 출발했다. 1533년 이탈리아 메디치가家의 카테리나가 프랑스 앙리 2세의 왕비가 되면서 피렌체의 요리사와 식재료, 조리법, 식탁 매너 등이 프랑스로 함께 들어왔다. 프랑스에서 포크와 나이프를 사용한 것도 이때부터다. 그 전까지는 손으로 음식을 먹었다.

프랑스를 72년간 지배한 태양왕 루이 14세재위 1643~1715는 미식가로 알려졌지만 실상은 폭식으로 비만, 치통, 두통, 위장병, 통풍 등을 앓는 '움직이는 종합병원'이었다. 영국의 왕 찰스 2세가 소고기 허리등심에 '서로인sirloin'이란 명칭을 붙인 일화도 있다. 등심 스테이크가 매일 자신의 입을 즐겁게 해주었다는 '공로'로 기사 작위Sir를 수여했다고 한다.

왕실과 귀족의 과시적인 육식 문화는 신흥 부르주아계급으로 전파되었다. 무역과 상거래로 부富를 축적한 부르주아는 정치적 발언권이 세지고 경제력을 갖춘 만큼 음식 문화에서도 귀족을 모방했다.

프랑스혁명 이후 귀족계급이 몰락하면서 귀족을 위해 일했던 요리사들이 레스토랑을 열었는데, 이것이 와인을 곁들인 프랑스 요리 문화가 번성하게 된 배경이다. 하지만 가난한 평민들에게 소는 여전히 농사용일 뿐이었고, 단백질 공급원은 소가 공급하는 우유와 치즈에 국한되었다.

유럽에서 일반 시민이 소고기를 맛보게 된 것은 19세기 말부터다. 구대륙유럽, 아시아은 여전히 소가 귀했지만, 신대륙미국, 캐나다, 아르헨티나, 호주 등에는 광활한 초원에 방목하는 소들이 넘쳐났다. 하지만 신대륙의 소고기를 운송하는 데만 수개월이 걸려 부패를 막을 수 없었다. 이 문제는 증기선 냉각장치가 발명1877되면서 해소되었다. 아르헨티나에서 생산된 소고기가 신선한 상태로 무더운 열대지방을 지나 유럽으로 수입된 것이다.

이유는 다 다른 육식에 대한 금기

모든 시대, 모든 민족이 육식을 선호했던 것은 아니다. 지금도 소, 말, 돼지 등의 고기를 먹는 것에 대한 금기가 존재한다. 인도 힌두교의 암소 숭배 교리는 종교적·경제적 이유로 육식을 허용할 수 없는 대표적인 사례다. 문화인류학자 마빈 해리스의 《음식문화의 수수께끼》에 따르면 힌두교도는 악마가 소가 되려면 86번의 윤회를 거쳐야 하며 한 번 더 윤회하면 인간이 된다고 믿는다. 암소를 죽인 사람은 영혼의 가장 낮은 단계로 되돌아가 이를 되풀이해야 하지만 암소를 돌보면 다음에 올 21대代가 열반을 얻는다는 것이다. 암소는 우유와 버터를 주고, 송아지를 낳아 땅을 갈아 음식을 주는 어머니와 같은 존재다. 인도인에게 수소는 농사용 트랙터이고, 암소는 트랙터 생산공장인 셈이다. 인구가 많은 인도에서 암소는 소고기로서의 가치보다 농사에 필수인 수소를 낳는 기능이 훨씬 가치가 높기에 힌두교 교리에 반영된 것이다.

중앙아시아 유목민이 말과 낙타 고기를 먹지 않는 것도 비슷한 이유다. 말과 낙타는 초원이나 사막에서 자동차와 같은 필수 이동수단이다. 몽골 군대가 말고기를 먹은 경우는 식량이 고갈된 비상시로 국한되었다. 낙타도 고기로 먹기보다 잘 키워서 기동력으로 이용하는 것이 훨씬 가치 있다. 유럽에서도 전쟁에 필수인 말을 고기로 먹는 것을 오랜 기간 금기로 여겼다. 이에 비해 이슬람교와 유대교에서 돼지고기를 금지한 것은 환경적 요인이 더 크다. 습한 환경이 필요한 돼지는 건조한 사막에서 사육이 어렵고, 인간과 먹이를 경합하는 동물이기 때문이다.

1200년간 육식을 금지했던 나라도 있다. 일본은 675년 불교를 국교로 삼으면서 네발 달린 포유류의 고기를 먹는 것을 다 금지했다. 고기를 먹다 적발되면 외딴섬으로 귀양을 보냈다. 일본에서 육식 금지가 풀린 것은 1853년 개항 이후 서양의 육식 문화가 유입되면서다.

1872년 육식 금지령이 해제되면서 스키야키, 돈가스 등 고기 요리가 생겨났다.

소고기 산업화의 빛과 그늘

19세기 말 소고기가 대중화하면서 미국에서는 소 사육과 도축이 규모 있는 산업으로 발전했다. 미국 중서부 대평원에서는 옥수수가 대량 재배되어 그 주위에 소 사육 지대가 형성되었다. 옥수수 재배 지역은 긴 띠처럼 형성되어 '콘 벨트corn belt', 소 사육 지대는 '비프 벨트beef belt'로 불린다. 콘 벨트와 비프 벨트가 만나는 지점인 시카고에 자연스레 대규모 도축장과 가축, 곡물 등을 거래하는 세계 최대 상품 거래소가 들어섰다. 시카고 도축장에서는 소를 컨베이어(물건을 연속적으로 이동·운반하는 띠 모양의 운반 장치)에 매달아 이동시키며 도축·절단·세척·포장 작업을 했다. 헨리 포드가 이런 공정을 벤치마킹해 자동차 조립 공장을 만든 것은 유명하다.

세계 인구가 70억 명을 돌파한 오늘날 '육식의 산업화'는 불가피하다. 방목하는 소만으로 육식 수요를 감당할 수 없기 때문이다. 소는 세계적으로 약 10억 마리가 사육되고, 한 해 3억 마리가 소비된다. 개발도상국의 소득수준 향상으로 수요는 더 늘어날 것이다. 한국의 1인당 소고기 소비량은 1970년 연간 500g에서 2016년 11.5kg으로

23배가 되었다. 전체 육류 소비량도 같은 기간 5.2kg에서 49.5kg으로 증가했다. 물론 1인당 소고기 소비량에서는 아르헨티나[41.6kg], 우루과이[38kg], 브라질[27kg], 미국[24.5kg] 등에 비해 한참 적다.

소고기가 대량생산되는 산업화 속에 발생한 것이 광우병이었다. 또한 환경과 건강 문제도 제기되고 있다. 소고기 1kg을 얻으려면 그 100배에 달하는 풀과 사료가 필요하다. 그만큼 소고기는 고비용이고, 비효율적 에너지 소비라는 문제를 안고 있다. 사육되는 소가 뿜어대는 방귀에 섞여 나오는 *메탄가스도 엄청나서 탄소 배출 논란까지 일고 있다. 게다가 육식은 콜레스테롤과 각종 성인병의 위험을 높인다. 누구나 엄격한 채식주의자[비건, vegan]가 될 필요는 없지만, 육식 과잉은 생각해볼 문제다.

메탄가스

이산화탄소와 함께 온실가스 중 하나다. 지구온난화는 이산화탄소의 증가가 가장 큰 요인이지만, 메탄가스의 증가도 무시할 수 없다. 지난 200년 동안 대기 중 메탄가스의 양은 두 배 이상 높아졌는데, 산업화된 목축업으로 인한 가축의 방귀와 트림 증가가 한 원인으로 지목되고 있다.

유럽 열강은 삼각무역으로
어떻게 큰 이윤을 남길 수 있었을까?

: 근대 항해사가 담긴 럼

삼각무역은 본래 세 지역 또는 세 국가 간 교역을 뜻하지만 좁은 의미로는 16~18세기에 성행한 대서양 일대의 노예 및 설탕 무역을 가리킨다. 유럽의 무기와 화약·의류 등을 아프리카의 노예와 교환하고, 노예를 실어다 신대륙에 넘긴 뒤 설탕·럼·담배·은 등을 가져오는 것이었다. 세 곳을 한 바퀴 돌면 그 수익이 원금의 3배에 이를 만큼 이익이 큰 장사였다. 스페인, 포르투갈에 이어 영국, 네덜란드, 프랑스가 설탕 플랜테이션과 삼각무역에 앞다퉈 뛰어들었다.

'캐리비안 해적'의 술

영화 〈캐리비안의 해적〉 시리즈에서 해적선 블랙펄호의 선장 잭 스패로는 늘 술에 절어서 산다. 조니 뎁이 실감나게 연기한 스패로는 흐리멍덩한 눈에 흐느적대며 걷다가도 상황이 바뀌면 잽싸게 달려가는 유쾌한 인물이다. 스패로 같은 해적과 떼려야 뗄 수 없는 술이 바로 럼rum이다. 럼의 별칭이 '해적의 술' '선원의 술'이기도 하다.

럼은 설탕 제조과정의 부산물이다. 사탕수수로 설탕을 만들고 남은 찌꺼기인 당밀糖蜜을 발효해 증류시켜 만든 게 럼이다. 사탕수수를 압착해 끓인 뒤 설탕 결정을 추출하면 짙은 갈색의 액체 덩어리인 당밀이 남는다. 당밀은 고온에서 쉽게 발효되어 알코올로 변하는데, 증발하는 알코올을 모으면 럼이 된다. '달콤한 소금sweet salt'으로 불린 백설탕은 당밀을 제거한 설탕이고, 흑설탕은 당밀을 거르지 않은 설탕이다.

럼은 위스키, 보드카 같은 증류주답게 무척 독하다. 알코올 도수가 최하 40도이다. 가장 세다는 'Bacardi 151'은 무려 75.5도에 달해 술병에 '인화성flammable'이란 경고 문구가 붙었을 정도다. 럼의 색깔은 투명한 것부터 짙은 갈색까지 다양한데, 오크통에 넣어 숙성시키는 기간과 럼에 캐러멜을 섞는 정도에 따라 색이 달라진다.

'악마의 창조물' 설탕과 노예무역

럼에 대해 말하다 보면 설탕의 역사를 돌아보지 않을 수 없다. 지금은 커피나 홍차에 설탕을 넣어 마시는 게 자연스럽지만, 근대 초기까지도 설탕은 상류층의 비싸고 귀한 사치품이었다.

설탕은 17세기 초에 포르투갈 선교사가 중국의 차茶를 네덜란드에 전하며 유럽으로 퍼졌다. 특히 상류층 여성들은 커피하우스 출입이 금지되어 차를 커피의 대체재로 삼았다. 홍차에 설탕을 넣어 마시는 차 문화가 만개한 곳은 영국인데, 1662년 포르투갈의 캐서린 공주가 영국의 왕 찰스 2세와 결혼한 이후 널리 퍼졌다.

18세기에 영국이 해양 패권을 장악하면서 인도 등 동인도산 홍차와 카리브해의 서인도산 설탕이 대거 유입되었다. 신대륙에서 설탕이 들어온 뒤 홍차에 설탕을 넣어 마시는 것이 산업혁명 이후 중산층에도 퍼졌다. 노동자의 생산성을 높이기 위해 차를 마시며 쉬게 하는 '티 브레이크tea break'가 도입되고, 오후 3~4시경 홍차와 간식거리를 즐기는 생활문화인 *'애프터눈 티오후의 홍차'도 생겨났다.

유럽인이 설탕을 처음 접한 것은 알렉산드로스대왕의 동방원정BC 330 때다. 그의 군대가 인도에서 단맛이 나는 식물인 사탕수수를 발견해 가져왔지만, 유럽에

애프터눈 티

1841년 베드포드 공작 부인이 오후 3~5시 사이에 홍차와 함께 비스킷, 마카롱, 샌드위치 등 다과를 준비해 친구들을 초대한 데서 유래했다. 당시 영국인은 하루 아침, 저녁 두 끼 식사만 했기에 오후에는 출출할 수밖에 없었다. 이것이 귀족 부인들의 사교 문화로 발전했고, 오늘날 영국인 특유의 일상이 되었다.

는 재배할 곳이 없었다. 단맛은 주로 벌꿀이나 과일을 졸인 과일 시럽에 의존했다. 카라반을 통해 인도에서 조금씩 운반해왔지만, 설탕은 부르는 게 값이었고 민간에서는 귀한 약재로 여겼다.

베네치아는 중세 이후 설탕 교역을 독점해 근 500년간 번영을 누렸다. 베네치아의 설탕은 14세기 1kg이 무려 소 두 마리 값에 달할 만큼 비쌌다. 인도에서 유럽까지 운송비와 위험비용, 지나는 곳마다 붙는 통행세와 독점이윤 때문이다. 대항해시대가 열리자 포르투갈의 바스쿠 다 가마가 인도양 항로를 개척해1498 설탕을 직접 들여왔다. 리스본의 설탕값이 베네치아의 절반으로 떨어졌어도 여전히 비쌌다. 베네치아의 설탕 독점은 깨졌지만, 수요에 비해 공급이 턱없이 부족했기 때문이다.

선대의 사치품은 후대의 필수품이 된다. 단맛에 길든 유럽인들은 사탕수수를 직접 재배해 설탕을 구하는 방안을 강구했다. 먼저 아프리카 연안의 카나리아, 마데이라 등지의 섬에 사탕수수 플랜테이션을 만들었다. 신대륙 발견은 설탕 산업의 전환점이 되었다. 1493년에는 콜럼버스의 2차 신대륙 항해 때 카나리아제도에서 가져간 사탕수수를 도미니카에 심었다. 기후가 비슷한 카리브해 일대와 브라질, 기아나 등지로 빠르게 확산되었다.

문제는 플랜테이션 운영에 엄청난 노동력이 든다는 점이었다. 높이 3~4m에 이르는 사탕수수를 베어내 공장으로 운반하고, 잘라서 즙을 짜고, 끓여서 설탕을 추출하고, 땔감을 확보하는 등의 일을 모두 사람이 해야 했다. 열대의 무더위 속에 싼 임금으로 일할 유럽인은 없었다. 초기에는 신대륙 원주민을 동원했지만, 각종 질병에 취약해 오래 못 갔다. 그 대안으로 질병에 내성이 있는 아프리카 흑인 노예를 투입했다. 이렇게 대항해, 신대륙 발견, 플랜테이션, 설탕 수요가 복합적으로 만들어낸 것이 삼각무역triangular trade이다.

삼각무역은 본래 세 지역 또는 세 국가 간 교역을 뜻하지만 좁은 의미로는 16~18세기에 성행한 대서양 일대의 노예 및 설탕 무역을 가리킨다. 유럽의 무기와 화약, 의류 등을 아프리카의 노예와 교환하고 노예를 실어다 신대륙에 넘긴 뒤 설탕·럼·담배·은 등을 가져오는 것이었다. 세 곳을 한 바퀴 돌면 그 수익이 원금의 3배에 이를 만큼 이익이 큰 장사였다. 스페인, 포르투갈에 이어 영국잉글랜드, 네덜란드, 프랑스가 설탕 플랜테이션과 삼각무역에 앞다퉈 뛰어들었다.

그만큼 노예 수요도 늘어 노예무역이 유럽 각국의 짭짤한 수입원이 되었다. 이 시기에 신대륙으로 강제 이송된 흑인 노예가 1,500만 명으로 추산된다. 달콤한 설탕에 노예의 피와 눈물이 스며 있어 '악마의 창조물'이라 불릴 만했다. 대니얼 디포의《로빈슨 크루소》에 등장하는 프라이데이는 삼각무역으로 강제 이주된 흑인 노예다.

럼은 미국 독립1776과도 관련이 있다. 미국의 식민지인들도 럼을 대량 생산해 아프리카로 가져가 흑인 노예를 산 뒤 서인도제도에 팔고, 럼의 원료인 당밀을 들여오는 삼각무역으로 재미를 봤다. 그 덕에 뉴욕, 보스턴, 볼티모어 등이 번창해 본국을 능가할 수준이 되자 영국은 당밀법1733과 설탕법1764을 제정해 럼 생산을 규제했다. 이런 갈등이 쌓여 독립전쟁의 불씨가 되었다.

프랑스는 나폴레옹전쟁 때 8년간 대륙봉쇄와 영국의 해양봉쇄로 설탕 공급이 막혔다. 하지만 사탕무에서 설탕을 추출하는 기술이 개발되어 전화위복이 되었다. 유럽에서도 재배되는 사탕무는 사탕수수의 독점적 지위를 무너뜨렸고, 설탕의 대중화를 앞당겼다. 설탕 부산물로 만들던 싸구려 럼 대신 사탕수수 즙을 직접 발효 · 증류하는 고급 럼도 등장했다.

사탕무는 노예무역도 종식시켰다. 계몽주의 확산으로 인권 의식이 고조되어 1803년 덴마크를 시작으로 노예무역이 잇따라 금지되었는데, 이는 사탕무라는 대체재가 있었기에 가능한 일이었다. 영국이 실질적으로 노예제를 끝낸 것은 1838년이고, 프랑스도 1848년 노예제를 없앴다. 미국은 남북전쟁 끝에 1863년 노예를 해방시켰다.

해군의 보급품, 해적의 필수품

최초의 럼은 1620년대 브라질에서 생산되었다는 설과 비슷한 시기에 서인도제도에서 증류 기술이 있는 영국인이 만들었다는 설이 있다. 브라질의 '국민 술'이라는 카샤사도 당밀로 만든 럼의 일종이다. 설탕 공장에서 쏟아져 나오는 엄청난 양의 부산물당밀을 처리하는 데

럼만큼 효과적인 수단이 없었다. 럼은 삼각무역의 고수익 상품인 동시에 노예들이 고된 노동을 잊게 만드는 마약과도 같았다.

항해의 필수품이었던 럼은 대서양 무역에서 특히 중요했다. 장거리 항해에서 가장 큰 문제는 식수였는데, 덥고 습한 바다에서 나무통에 담긴 물은 얼마 못가 썩기 일쑤였다. 오염된 식수는 장염·이질을 유발했고, 비타민C 부족에 따른 괴혈병으로 선원들의 사망률이 높았다. 그래서 식수로 물 대신 술을 이용했다. 술도 물로 만들고, 알코올이 부패를 막을 것으로 기대한 것이다. 그러나 맥주, 와인 같은 저도주는 항해가 길어지면 상하긴 마찬가지였다. 독한 위스키나 브랜디·코냑는 장기 보관이 가능하지만 비싼 게 흠이었다. 그런 와중에 싸고 오래 가는 럼이 등장했으니 모두가 환영할 만했다.

영국 해군은 17세기 초 식민지 경쟁에 나서면서 수병들에게 맥주를 지급했다. 그러다 17세기 중반에 자메이카를 점령한 뒤 그곳에서 생산된 럼을 공급했다. 1739년에는 럼을 아예 해군의 공식 보급품 목록에 올렸다. 이를 본 떠 다른 나라들도 해군, 상선에는 물론 해적까지 럼을 챙겨서 항해했다. 필수품이 된 럼은 카리브해 일대에서 화폐처럼 통용되었고, 배에 보관된 럼을 훔쳐 가는 사례도 빈번했다.

영화 〈캐리비안의 해적〉에서 해적들이 수시로 럼을 마시는 장면이 나온다. 이들이 거칠고 난폭한 탓도 있지만, 선상에서 갈증을 해소하는 데 꼭 필요했기 때문이다. 그런데 독한 술을 자주 마셔 알코올중독이 되거나 취해서 말썽이 생길 때가 많았다. 권투에서 비틀거

린다는 뜻의 '그로기'란 말도 럼에서 유래했다. 해군이든 해적이든 선상 규율이 유달리 엄격한 이유다.

장거리 항해의 식수 문제는 19세기 초에 철제 물탱크가 보급되면서 해소되었다. 그러나 배에 럼을 싣던 관행은 쉽게 사라지지 않았다. 1·2차 세계대전 때는 영국 육군에도 럼이 보급되었다. 영국 해군이 럼을 지급하던 관행을 폐지한 것은 1970년에 이르러서다.

럼은 근대 항해사가 녹아 있는 술이다. 럼이 항해·해적·모험소설에 어김없이 등장하는 것은 그 시대상을 반영한 것이다. 설탕에서 럼이 나왔고, 럼에 의해 설탕의 대중화도 빨라졌다. 달콤한 설탕과 거칠고 독한 럼이 유럽의 화려한 근대문화의 바탕이 되었다는 점은 역사의 아이러니다.

Part 05

법과 돈의
경제 세계사

역사를 관통하는
기본 세율은 얼마일까?

: 로마도, 맹자도, 적정 세율은 10%

구약시대의 유대 민족은 재산이나 소득의 10분의 1을 신에게 바치는 '십일조' 관습이 있었다. 정치와 종교가 분리되지 않은 신정일치 사회에서 성전은 곧 정부이고 사제계급은 공무원이며, 십일조는 세금이나 마찬가지였다. 중세 유럽의 교회는 주민들에게 수입의 10분의 1을 교회세로 징수했다. 유대교의 관습에서 비롯된 십일조를 점점 신자의 의무로 강조하다가 아예 세금으로 강제 징수한 것이다.

소득의 10분의 1을 세금으로 바치는 관습, 십일조

구약시대의 유대 민족은 재산이나 소득의 10분의 1을 신에게 바치는 '십일조十一條' 관습이 있었다. 창세기에서 '믿음의 조상' 아브라함이 왕이자 제사장인 멜기세덱에게 재산의 10분의 1을 바쳤고, 그의 손자 야곱은 하느님이 무엇을 주든지 그 10분의 1을 반드시 바치겠다고 약속했다. 이것이 십일조의 기원이다. 십일조를 뜻하는 영어 'tithe'는 10분의 1을 가리키는 'tenth'의 옛말이다.

십일조는 성전 봉사를 담당하는 레위인에게 냈다. 이 재물은 제사와 제물, 성전 보수, 빈민 구제, 제사장의 생계비로 쓰였다. 정치와 종교가 분리되지 않은 신정일치神政一致 사회에서 성전은 곧 정부이고 사제계급은 공무원이며, 십일조는 세금이나 마찬가지였다.

중세 유럽의 교회는 주민들에게 수입의 10분의 1을 교회세로 징수했다. 유대교의 관습에서 비롯된 십일조를 점점 신자의 의무로 강조하다가 아예 세금으로 강제 징수한 것이다. 교회세는 17~18세기 근대에 들어서야 폐지되었다.

1만여 년 전 농업혁명 이후 정착 생활이 시작되면서 적의 침입을 막을 군대가 필요했다. 수시로 전쟁에 동원되는 병사들은 농업에 종사할 수 없기에 공동체에서 이들의 생계를 위해 곡물을 걷어준 것이 세금의 기원이다. 한자로 세금을 뜻하는 '세稅'가 '禾벼+兌바꾸다'로 이루어진 것도 그런 맥락이다.

최초의 조세체계는 BC 3000년께 고대 이집트에서 등장했다. 이집트 고분벽화에는 세금 징수원을 묘사한 그림도 있다. 고대의 세금은 곡물이나 돈으로 내는 것 외에 국가가 소집하는 병역, 대규모 토목공사에 동원하는 노역corvee 등을 모두 포함했다.

고대 국가의 백성은 군주의 소유물로 여겨졌고, 백성들은 군주에게 공물이나 노역을 바쳐야 했다. 하지만 예나 지금이나 세금을 기꺼이 내는 사람은 없다. 조세 저항을 최소화하는 해법은 세금에 종교적 의미를 부여하는 것이었다. 이집트의 파라오나 페르시아의 왕처럼 군주는 신격화되고, 군주가 걷는 세금은 신에게 바치는 예물로 간주했다.

그런 점에서 세금은 내세와 영혼 구원에 대한 대가였던 셈이다. 종교를 담당하는 사제계급에는 면세의 특권이 주어졌다. 1799년 나폴레옹이 발견한 고대 이집트의 로제타석에 적힌 글귀는 신전의 세금 면제에 관한 것이라고 한다.

국가가 세금을 걷을 수 있었던 또 다른 명목은 생명 보장이었다. 전쟁과 약탈이 빈번하고, 전쟁에서 지면 모든 것을 잃고 노예가 되었던 시대에 군주는 백성에게 세금을 걷는 대신 군대를 유지하고 안전을 지켜주는 역할을 담당했다. 현대의 세금이 국방, 치안, 인프라와 같은 공공재 유지에 쓰이는 것과 같다.

반대로 백성의 생명을 지켜주지 못하는 국가는 세금을 걷을 자격이 없는 것으로 간주되었다. 팔레스타인을 점령한 이슬람제국이 동로마제국 군대에 밀려 철수636할 때 주민들에게 그간 걷은 세금을 돌려준 일화는 유명하다. 대부분 기독교도인 주민들은 본래 지배자인 동로마 군대에 오히려 적대적이었다. 이슬람제국이 빠르게 세력을 확장한 이유 중 이런 관대한 세금도 빼놓을 수 없다.

대제국의 필수조건은 공평하고 적정한 과세

십일조는 역사적으로도 의미가 있다. 동서양 공히 고대의 세율은 10%가 일반적이었다. 로마의 세율도 10%였다. 로마의 조세제도는 카이사르의 구상을 아우구스투스가 시행하고, 티베리우스가 구체화했다. 정복지에는 소득의 10%인 데시마decima라는 속주세를 물렸다. 데시마는 안전보장에 대한 대가였다. 로마 시민은 세금을 내지 않는 대신 '피의 세금'이라는 병역의무를 졌다. 속주민도 군대에 들어가면 세금이 면제되었다.

다른 세금은 데시마보다 세율이 낮았다. 상속세와 노예해방세는 5% 세율로 '비체시마vicesima'라고 불렀다. 소비세는 1%로 '켄테시마centesima'라고 했다. 관세도 동방에서 수입되는 향신료 보석 진주 비단 등 사치품에만 25%라는 고율의 세금을 물렸을 뿐, 다른 지역은

1.5~5%에 그쳤다. 로마 시민은 소비세와 관세만 부담하면 되었다.

로마에서는 세율이 곧 세금 명칭이었다. 이는 자의적으로 세율을 올리지 않았다는 이야기다. 속주세를 10%에서 20%로 올린 뒤에도 데시마라고 부를 수는 없었을 것이다. 또한 30~40년마다 인구조사를 통해 과세에 정확성을 기했다. 로마의 안정적인 조세체계는 포에니전쟁 이후 '팍스로마나'의 번영을 가져온 요인이 되었다. 로마에 정복되기 전 온갖 통행세를 부담했던 것에 비해 군소국들의 세금 부담이 줄었기 때문이다.

로마의 조세체계가 흔들린 것은 212년 카라칼라 황제 때다. 속주민에게 시민권을 부여하는 *안토니누스칙령을 내려 속주세가 폐지되자 구멍 난 재정을 보충하기 위해 특별세를 남발한 것이다. 세금 부담을 견디지 못해 도망치는 농민들이 속출하고, 세금 징수는 더 쪼그라드는 악순환이 로마 몰락을 앞당겼다.

안토니누스칙령

칙령을 내리기 전 속주민은 제한된 시민권을 갖고 있었다. 칙령의 선포로 로마제국의 모든 남자 자유민은 시민권을 갖게 되었고, 시민으로서 행동·재산의 자유를 보장받고 정치에 참여할 수도 있게 되었다.

고대 중국에서도 10%를 적정 세율로 여겼다. 맹자는 세율이 너무 낮으면 관리 채용 등 국가 운영이 어려워지고, 너무 높으면 백성의 마음을 잃어 반란을 초래한다고 보았다. 맹자는 세금을 걷는 방법으로 직물·곡물·노역 징발이 있는데, 이 중 둘을 동시에 부과하면 백성이 굶주리게 되고, 셋을 한꺼번에 적용하면 부모 자식이 흩어지게 된다고 강조했다. 전란이 빈번해 세금이 무거웠던 춘추전국시대에 맹자는 적정 과세의 필요성을 역설한 것이다.

몽골의 칭기즈칸도 점령지에서 조공을 걷을 때는 10%만 받았다. 세금을 더 걷어야 할 때는 세율 인상 대신에 토지에 10%, 농작물에 10% 등 세목을 늘리는 식으로 대응했다. 고대에 낮은 세율을 유지했던 것은 과중한 세금이 민심 이반과 반란을 초래해 왕조의 몰락을 가져올 위험이 컸기 때문이다.

전성기 로마제국의 안정적인 조세체계에서 보듯이 세율이 낮으면 오히려 세금이 잘 걷힌다. 1980년대 미국에서 소득 세율을 낮추자 세수가 더 늘어나기도 했다. 납세자는 굳이 탈세를 궁리할 필요 없이 떳떳하게 세금을 내는 게 비용이 덜 들기 때문이다. 탈세는 세금을 절감할 수는 있지만, 세금 회피를 위한 변호사·세무사 고용 등의 비용과 들켰을 때의 징벌 위험을 수반한다.

따라서 국가의 조세는 '넓은 세원稅源, 낮은 세율'을 기본 원칙으로 삼아야 한다는 것이 경제학자들의 공통된 조언이다. 납세자가 세금을 감당할 수준이어야 조세 회피를 예방하고, 세금 징수 비용도 절감할 수 있다. 그러나 현대 국가들은 세원은 최대한 넓히면서 세율까지 올리는 데 혈안이다. 불행히도 인생에서 죽음과 세금은 피할 수 없다.

나라 경제가 망할 것을 뻔히 알면서
왜 돈을 마구 찍어냈을까?

: 화폐가 신뢰를 잃으면 휴지 조각과 다름없다

국가는 걷은 돈보다 더 쓴다. 경제가 파탄 나는 데도 로마의 군인황제들이 너나없이 저질 은화를 발행한 것도 돈이 급했기 때문이다. 국가 부채는 산더미처럼 쌓여 있는데 군대를 유지하고 복지사업을 펴고 호화 생활을 하려면 더 많은 돈이 필요했다. 국가 조폐소에서 귀금속 함량을 줄여 그 차익, 곧 시뇨리지를 챙기는 것은 세금 징수보다 훨씬 쉬운 일이었다.

가장 불공평한 세금은 인플레이션

동서고금을 막론하고 국가는 걷은 돈보다 더 쓴다. 경제가 파탄 나는 데도 로마의 군인황제들이 너나없이 저질 은화를 발행한 것도 돈이 급했기 때문이다. 국가 부채는 산더미처럼 쌓여 있는데 군대를 유지하고 복지사업을 펴고 호화 생활을 하려면 더 많은 돈이 필요했다. 세금은 저항이 컸고 정복지가 줄어 세금 수입이 오히려 쪼그라드는 판이었기에 국가 조폐소에서 귀금속 함량을 줄여 그 차익, 곧 시뇨리지를 챙기는 것은 세금 징수보다 손쉬운 일이었다.

은화의 실질 가치가 낮아졌으니 물가가 뛰는 인플레이션은 당연한 귀결이었다. 3세기에 로마의 물가 상승률은 연평균 5~6%로 추정되었다. 별로 안 오른 것 같지만, 해마다 6%씩 오르면 물가는 12년마다 두 배가 된다. 이렇게 50년이 흐르면 물가는 16배로 뛰게 된다. 군인황제시대는 곧 경제와 민생 붕괴였다.

'3세기의 위기' 막바지에 등극한 디오클레티아누스 황제재위 284~305는 정치·경제적 혼란을 수습하는 데 주력했다. 그는 세금을 화폐 대신 물품으로 받는 물납物納으로 바꾸고, 296년 순도 100%인 새 은화아르겐투스를 만들어 화폐가치를 안정시키려 애썼다. 하지만 이미 화폐 시스템의 신뢰가 무너진 상태에서 새로 발행한 은화도 곧 사라지고 물가는 더 올랐다.

급기야 디오클레티아누스가 가격통제 칙령까지 내렸다[301]. 품목마다 최고가를 정하고 이를 어기거나 물품을 감추면 엄벌에 처한다는 역사상 최초의 가격통제 정책이었다. 그러나 물가는 법으로 누른다고 내려가지 않는다. 오히려 경제는 더 위축되었고, 사람들은 못 믿을 화폐 대신 물물교환으로 돌아섰다.

뒤를 이은 콘스탄티누스 1세 황제는 306년 순금으로 새 금화 솔리두스를 만들고, 330년 수도를 콘스탄티노폴리스이스탄불로 옮기는 과정에서 금을 대부분 가져가 예전 수도로마는 자급자족 수준으로 후퇴하고 말았다. 솔리두스는 동로마제국 1000년 동안 기축통화 역할을 했지만, 이 역시 말기로 갈수록 금 함량이 줄었다.

시뇨리지는 '인플레이션inflation 세금'으로도 불린다. 인플레이션은 '부풀리다'라는 의미의 라틴어 인플라레inflare가 어원이다. 화폐 발행량을 부풀릴수록 물가도 부풀어 오른다. 군인황제들이 불량 은화의 시뇨리지로 국고를 메운 대가가 물가 폭탄이었다. 인플레이션은 부자와 빈자를 구분하지 않는다. 가장 큰 피해는 빈곤층에게 돌아간다. 그런 점에서 과도한 시뇨리지에 따른 인플레이션은 가장 불공정하고 불공평한 세금이었다.

금은으로 몰락한 스페인, '신대륙의 저주'인가

16세기 유럽의 최강국은 5대륙에 걸쳐 식민지를 건설한 스페인이었다. 당시 대항해시대의 선두 주자로서 포르투갈까지 합병한 스페인에 맞설 세력은 없었다. 신대륙 아메리카에서 쏟아져 들어오는 금과 은으로 무적함대를 구축했고, 대규모 선단은 세계의 바다를 누볐다.

19세기 대영제국이 '해가 지지 않는 제국'으로 불렸지만, 그 원조는 16세기 스페인이었다. 하지만 스페인의 전성기는 불과 한 세기 만에 수그러들었다. 그 원인이 마르지 않는 화수분 같던 신대륙에서 초래되었다는 점은 역설적이다.

당시에는 '금은을 많이 보유할수록 부유한 나라'라는 중상주의가 지배하던 시대였다. 스페인은 페루, 멕시코 등지에서 캐낸 엄청난 양의 금과 은을 본국으로 가져왔다. 16세기에 신대륙에서 스페인으로 유입된 은이 1만 7,000t, 금은 180t에 달했다.

갑자기 많은 금은이 유입되면서 물가가 뛰었다. 화폐 유통량이 늘면서 16세기 스페인의 물가는 4배로 올랐다. 신대륙 발견 이전의 스페인은 양모에 의존하던 농업 국가여서 변변한 산업이 없었다. 정복과 약탈로 부를 축적한 지배층은 산업을 일으킨다는 개념이 없었다. 대부분 물품을 수입했기에 물가 급등은 곧 금은의 유출로 이어졌다. 게다가 왕실의 종교적 명분과 과시욕으로 인해 더 많은 금은이 빠져나갔다.

모든 가톨릭 국가의 대표격인 스페인은 잉글랜드, 프랑스, 네덜란
드 등과 끊임없이 민종교개혁 진쟁을 치르느라 부채가 눈덩이처럼
불었다. 이 시기에 스페인의 속국이었던 네덜란드가 독립선언을 하
고[1581], 무적함대가 패퇴했다[1588]. 16세기 후반에 스페인의 부채는 은
으로 거두는 세수의 100배에 이를 정도였다.

이런 상황에서 즉위한 펠리페 3세[재위 1598~1621]는 국가 부채를 해결
하기 위해 칼을 빼들었다. 문제는 그 칼이 너무 위험해 스스로를 베
었다는 점이다. 그는 모든 화폐에서 금과 은을 빼고, 옛 주화는 새 주
화로 교환하도록 명령했다. 이후 상황은 로마의 쇠퇴기와 다를 게 없
었다. 금화와 은화는 해외로 유출되거나 숨겨졌고, 저질 구리 화폐만
남았다.

스페인의 전성기는 불과 한 세기만에 막을 내렸다. 신대륙 약탈로
부를 누린 스페인이 신대륙의 금은 때문에 몰락했다는 점에서 '신대
륙의 저주'라고 부를 만하다.

국가 경제의 파탄 경로는 언제 어디든 같다

한 나라의 경제가 붕괴하는 경로는 고대부터 현대까지 모든 국가
가 거의 유사하다. '과중한 국가 부채→무분별한 화폐 발행→물가
폭등→경제 및 신용 위기→경제 붕괴'로 이어진다. 이런 과정은 역

사 속에서 수없이 반복되었다.

지폐의 등장은 국가 경제 파탄을 대규모로 빈번하게 만들었다. 금화와 은화는 화폐의 교환가치와 소장 가치가 원칙적으로 동일해야 한다. 이것이 무너지면 '악화가 양화를 구축'하는 현상이 벌어진다. 조선 말기에 발행된 *당백전도 유사한 사례였다.

이에 반해 발행자 입장에서는 지폐로 엄청난 시뇨리지를 챙길 수 있다. 미국 100달러짜리 지폐의 가치는 100달러지만, 지폐 한 장을 찍는 데 드는 비용은 30센트에 불과하다. 불량 지폐가 마구 남발된다면 물가 폭등과 경제 붕괴는 시간문제다. 1차 세계대전 이후 독일의 초인플레이션이 그런 결과다.

> **당백전**
>
> 1866년 조선 왕조가 재정난을 타개하기 위해 발행해 6개월간 유통된 주화다. 명목 가치는 기존 상평통보의 100배여서 당백전이란 이름을 붙였다. 그러나 주화의 금속 무게 등 실질 가치는 5~6배에 불과해 백성들이 기피했고 물가 폭등을 야기했다. 1883년 발행한 당오전(當五錢)도 명목상 상평통보의 5배 가치였지만, 실제로는 2배에 불과했다. 국가가 시뇨리지를 확보하기 위해 남발한 당백전과 당오전은 조선 경제를 붕괴시킨 요인 중 하나다.

역사상 최초로 지폐가 통용된 곳은 중국이었다. 10세기 송나라 때 등장한 '교자交子'는 화폐 지급 보증서였다. 동전을 갖고 다니는 것이 무겁고 불편해 화폐 보관소에 맡겼는데, 교자는 그 소유권을 나타내는 문서였다. 1023년 송나라 인종이 교자를 화폐로 지정해 정부가 발행했다. 그러나 요나라, 서하 등 이민족과의 전쟁 비용으로 남발된 탓에 오래 가지는 못했다.

유럽의 지폐 실험은 이보다 700년 뒤에 나타났다. 처음에는 금·

은 ˙ 돈이 기치기 담보되어 유지되는 듯했지만, 미지않이 빌행광이 무분별하게 늘면서 모두 실패했다. 대표적인 사례가 스코틀랜드 출신의 존 로가 프랑스 루이 15세의 허가를 얻어 왕립은행에서 발행한 은행권이다1716. 존 로는 은행권 소유자들이 한꺼번에 은으로 교환해 달라고 요구하지 않는 한, 더 많은 지폐를 찍어내 국가 부채를 갚고 경제를 활성화시킬 수 있다고 봤다.

그러나 1720년 미시시피회사 주식 투기 사건인 '미시시피 버블'이 터지면서 현금이 부족해져 지폐 발행을 마구 늘리자, 존 로의 은행권 구상은 무너지고 말았다. 존 로는 희대의 사기꾼으로 기록되었지만, 요즘에는 다른 평가도 나온다. 오늘날 각국 중앙은행의 통화 시스템이 존 로가 구상한 은행권과 별반 다를 게 없기 때문이다.

미국 독립전쟁1775~1783 때 전비 마련을 위해 발행한 대륙 지폐 continental currency, 프랑스혁명 직후에 몰수한 교회의 토지를 담보로 발행된 혁명 화폐 아시냐Assignat가 강제 통용된 적도 있다. 그러나 대륙 지폐는 해마다 100%에 달하는 인플레이션 속에 'not worth a continental대륙 지폐만큼 가치 없는'이라는 경멸적인 관용어를 낳았다. 아시냐는 불과 7년 새 발행량이 20배로 늘면서 아무도 받으려 하지 않게 되었다.

이렇듯 지폐는 19세기 이전까지 불량 은화보다 더한 불신의 대상이었다. 지폐가 신뢰를 확보한 것은 1817년 영국을 시작으로 각국이 금본위제gold standard를 도입하면서부터다. 지폐 발행량을 은행의 금 보유량 이내로 제한해 태환성(兌換性, 통화 교환 권리가 보장되는 성질)을 보장한 것이다. 지금은 금본위제가 사라진 대신 정부나 중앙은행이 인플레이션을 유발하지 않는 범위 내에서 화폐 발행을 전담하고 있다.

니얼 퍼거슨 하버드대 교수는 '화폐란 금속에 새겨 넣은 신뢰'라고 했다. 시뇨리지를 노리고 마구 찍어낸 화폐가 신뢰를 잃는 것은 한순간이다. 이런 주화나 지폐는 고철 덩어리, 휴지 조각과 다름없다. 현대의 지폐는 가치가 있어서 통용되는 게 아니다. 교환가치와 지불이 보장된다는 믿음이 있을 때에만 가치를 갖는다.

국가는 왜 세금을
걷는 일에만 창의적일까?

: 과중한 세금은 혁명으로 이어진다

명예혁명으로 집권한 영국의 윌리엄 3세는 성난 민심을 무마하기 위해 난로 세를 폐지해 인기를 끌었다. 그러나 전체 세수의 10분의 1을 차지하던 세목 이 빠지자 재정에 큰 구멍이 났다. 이때 고안한 세금이 창문세다. 모든 주택 에 2실링씩 물리고 창문이 10~20개면 추가로 4실링 21개 이상이면 8실링 을 더 물렸다. 이후 몇 차례 세율 조정 끝에 1766년부터 창문 6개까지는 면세 7~9개는 2실링, 10~20개는 4실링, 21개부터는 8실링을 부과했다.

창문세, 햇빛과 공기에 물린 세금

부인 메리 2세와 함께 영국의 공동 왕위에 오른 네덜란드 출신 윌리엄 3세재위 1689~1702는 무엇보다 국가재정 확충이 시급했다. 그의 왕위 계승에 반발한 아일랜드 구교도들의 반란을 진압하기 위해 군비가 필요했던 것이다. 재정을 늘리는 방법은 예나 지금이나 세금을 더 걷는 것이다. 윌리엄 3세가 새로 도입한 것은 일종의 재산세인 '창문세window tax'였다. 건물의 창문 수에 따라 세금을 물린 것이다.

영국에는 창문세 이전에 난로세hearth tax가 있었다. 찰스 2세는 집집마다 설치된 벽난로에 세금을 부과했는데1662, 난로 1개당 2실링씩 연간 두 번을 물렸다. 평균 소득을 감안하면 2실링은 현재 가치로 212파운드약 32만 원로, 적지 않은 부담이었다.

난로세는 일종의 '부자 증세'였다. 잘 사는 집일수록 난로가 많다고 봤다. 하지만 곧바로 격렬한 조세 저항에 부딪혔다. 난로세를 매기려면 세금 징수관이 집 안에 들어가 난로 개수를 조사해야 해, 사생활 침해 논란이 벌어졌다. 사람들은 세금을 피하려고 집 안의 난로를 없앴다. 따뜻하게 살 권리마저 빼앗는다는 불만이 커졌다. 더구나 영국의 겨울은 춥고 길었다. 시민들은 난로도 없는 집에서 덜덜 떨며 얼마나 국왕을 비난했을까?

명예혁명

영국에서 일어난 시민혁명이다. 제임스 2세의 전제 정치 강화에 반대해 의회가 왕을 폐위하고, 제임스 2세의 딸 메리와 윌리엄 3세를 공동 왕으로 추대했다. 왕권의 제약과 의회의 우위를 명시한 '권리선언'이 승인되었고, 유혈 사태 없이 정권 교체를 이루어 명예혁명이라고 한다.

한편 *명예혁명Glorius Revolution, 1688으로 집권한 윌리엄 3세는 성난 민심을 무마하기 위해 난로세를 폐지해 인기를 끌었다. 그러나 전체 세수의 10분의 1을 차지하던 세목이 빠지자 재정에 큰 구멍이 났다. 이때 고안한 세금이 창문세다. 창문은 밖에서 셀 수 있어 사생활 침해 논란도 피할 수 있었다.

창문세로 모든 주택에 2실링씩 물리고 창문이 10~20개면 추가로 4실링 21개 이상이면 8실링을 더 물렸는데, 이후 몇 차례 세율 조정 끝에 창문 6개까지는 면세, 7~9개는 2실링, 10~20개는 4실링, 21개부터는 8실링을 부과했다[1766]. 징세관이 조사할 때 창문을 막고 나중에 다시 열었다가 적발되면 벌금이 20실링에 달했다.

창문세는 잘 사는 집일수록 비싼 유리 창문이 많다는 점에 착안한 세금이다. 하지만 그것은 걷는 쪽의 생각일 뿐이었다. 창문세가 시행되자 도시마다 창문을 합판이나 벽돌로 막아버리는 집이 속출했다. 가뜩이나 우중충한 날씨에 창문까지 가리게 된 영국인들은 우울증을 호소했고, 전염병이 번지는 것도 그 탓으로 여겨졌다. 때문에 창문세는 '햇빛과 공기에 물리는 세금'이라는 오명으로 기록되었다.

창문세는 1851년 주택세가 도입되면서 폐지될 때까지 155년간 존속했다. 한 번 만든 세금은 반발이 거세도 웬만해서는 없어지지 않는다. 오늘날 영국에서 창문이 있어야 할 곳이 가려진 건물은 창문세를 징수하던 17~19세기 때 지은 집으로 보면 거의 틀림없다.

세금이 만든 프랑스식 창문과 네덜란드식 주택

창문세의 원조는 영국이 아니다. 프랑스에서 14세기에 잠시 시행했다 폐지한 적이 있다. 그러나 영국이 창문세로 짭짤한 세금 수입을 올리자, 프랑스 루이 16세재위 1774~1792가 창문세를 재도입했다. 프랑스의 창문세는 영국처럼 창문 수가 아니라 창문의 폭을 기준으로 매겼다. 부자일수록 창문을 넓게 낸다는 데 착안했다.

그러자 시민들은 창문의 폭을 줄이는 방법으로 세금을 피했다. 프랑스식 좁고 기다란 창문은 여기에서 기인했다. 창문세는 평민에게만 가혹했던 다른 세금과 함께 프랑스혁명을 촉발시켰다. 루이 16세는 끝내 단두대에서 처형되었다. 프랑스에서 창문세가 폐지된 것은 1926년에 이르러서였다.

영국과 프랑스가 창문세를 물릴 때 네덜란드는 색다른 건물세를 고안했다. 암스테르담 등 대도시에서 건물 전체 면적이 아니라 '도로에 면한 면적'에 비례해 세금을 부과한 것이다. 뿐만 아니라 커튼의 길이, 창문의 폭, 계단의 개수까지도 세금을 물리는 기준으로 삼았다.

하지만 세금 내는 것을 즐거워하는 사람은 어디에도 없다. 네덜란드인들은 긴물 정면을 획 줄이는 대신 안쪽으로 길게 들이민 기다란 직사각형으로 집을 지었다. 징사각형 긴물과 비교할 때 전세 먼직이 비슷해도 과세 기준이 되는 정면 너비는 좁디좁은 기형적인 집들이 생긴 것이다.

수염세 · 모자세 · 독신세 · 오줌세, 창의적인 세금

국가가 창의성을 발휘하는 경우는 극히 드물지만, 예외적으로 세금을 걷을 때는 정말 창의적이다. 새로운 세금을 도입하는 이유는 무리한 전쟁, 토목공사, 자연재해 등으로 인한 재정 파탄 탓이다. 하지만 걷으려 할수록 숨기는 게 사람 심리다. 그래서 세금 징수를 위해서는 기발한 아이디어가 필요하다.

그중 하나가 러시아 표트르대제재위 1682~1725가 도입한 수염세beard tax다1705. 표트르 대제는 낙후된 러시아를 유럽처럼 선진화한다는 명분 아래 남자의 긴 수염을 자르게 하고, 수염을 계속 기르는 사람에게 수염세를 물렸다. 모스크바에서 상트페테르부르크로 수도를 옮기면서1703 부족한 재원을 확보하려는 의도도 있었다.

수염세는 귀족 출신 상인은 100루블, 신하 · 공무원 · 일반 상인은 60루블, 평민은 30루블이었다. 제정 러시아 시절 1루블을 은 28g으로 맞춘 것을 감안하면 엄청난 부담이었다. 게다가 수염을 기른 사람이 성안에 들어올 때마다 통행료 1코페이카100분의 1루블를 내야 했다.

신앙심 깊은 러시아인에게 면도는 신의 형상을 훼손하는 것으로 여겨졌다. 귀족들은 하느님이 주신 수염을 자를 수 없다고 거세게 반발했다. 하지만 세금을 내는 것보다 수염을 자르는 쪽으로 기울었다. 수염세 도입 7년 만에 러시아에서 수염 기른 남자가 사라졌다고 한다. 세금은 풍습과 종교 신념까지도 바꾼다.

영국에서는 남자의 모자에 사치세의 일종인 모자세hat tax를 도입했다1784. 멋쟁이 신사들이 모자로 멋을 낸다는 데 착안해 부자로부터 세금을 쉽게 걷으려는 의도였다. 값싼 모자는 세금이 미미했지만, 가격이 12실링이 넘는 모자에는 2실링에 달하는 세금을 매겼다.

모자세는 1811년 폐지되었지만, 모자와 관련해 재미있는 유행을 만들어냈다. 세금을 낸 모자에 납세 증지를 붙이거나 스탬프를 찍던 관행이 훗날 모자 안쪽에 금金문자를 새기는 관행으로 이어졌다. 또한 한 양판점 주인이 모자세에 항의하는 뜻에서 높고 빛나는 모자를 쓰고 다녀 유행한 것이 영국 신사의 상징과도 같은 '톱 햇top hat' 또는 '실크 햇silk hat'으로 불리는 검고 큰 모자다.

로마제국의 독신세는 20세기 들어 독재자들이 부활시켰다. 1927년 이탈리아의 파시스트당을 이끈 베니토 무솔리니와 1933년 나치 독일의 아돌프 히틀러는 미혼자에게 독신세를 물렸다. 세수 확보와 우수한 유전자 확산이 명분이었다.

로마제국의 9대 황제 베스파시아누스재위 69~79 때는 명칭도 희한한 요즘 세urine tax를 도입했다. 오줌 세는 소변보는 사람이 아니라 공중화장실에 모인 오줌을 가져가는 양모 가공업자에게 부과되었다. 양모의 기름을 빼는 데 오줌의 암모니아 성분이 유용했기 때문이다. 냄새나는 세금 같지만 그로 인해 이익을 보는 수익자가 부담하게 했다는 점에서 기발한 세금으로 평가된다.

"확실한 것은 세금과 죽음뿐"

'인생에서 확실한 것은 죽음과 세금뿐이다'라는 말은 미국 정치가 벤저민 프랭클린이 1789년 한 편지에 써서 유명해진 격언이다. 이에 앞서 《로빈슨 크루소》의 저자 대니엘 디포는 "죽음과 세금만큼 확실히 믿을 수 있는 것은 없다"라고 했다. 1700년대에 이런저런 세금이 늘면서 '세금과 죽음'은 하나의 경구처럼 굳어졌다. 이 말은 살아있는 한 세금을 피할 수 없다는 의미다.

지금은 누구나 세금을 내지만, 근대까지만 해도 귀족과 성직자는 세금을 거의 내지 않았다. 조선 시대 양반들이 세금을 면제받은 것도 마찬가지였다. 대신 유럽의 귀족은 '피'로, 성직자는 '기도'로 세금을 낸다고 했다. 피로 세금을 낸다는 것은 전쟁이 났을 때 먼저 전쟁터로 나간다는 의미다. 높은 지위에 부과되는 도덕적 의무를 뜻하는 '노블레스 오블리주'의 한 사례다.

세금 부담은 대부분 상인과 평민의 몫이었다. 유럽에 즐비한 중세의 멋진 고성이 실은 상인이나 행인에게 통행세를 걷는 장소였다는 사실을 알 필요가 있다.

중세 이후, 국가는 점차 '세금 강도'로 돌변해갔다. 16세기에 독일, 스위스, 오스트리아 등지에서 일어난 농민반란은 소득의 절반을 영주들이 떼 가는 가혹한 수탈의 결과였다. 당시 민요에 "천국은 평화와 안식이 있고 세금이 없는 곳"이란 대목이 있을 정도였다. 미국이 독립선언1776을 한 것도 영국이 식민지에 설탕세, 인지세, 관세 등 각종 세금을 부과한 것이 계기가 되었다. 과중한 세금은 국민의 불만을 누적시키고, 임계점에 이르면 반란이나 혁명으로 이어진다는 사실은 역사의 교훈이다.

해상무역이 발전하면서 커진
사고 위험을 어떻게 대비했을까?

: 중세의 모험대차 거래에서 진화한 보험의 역사

지중해 교역이 활발했던 고대 그리스에서 해상무역의 위험을 덜기 위해 모험대차가 생겼다. 모험대차란 선주와 화주가 항해에 앞서 배나 화물을 담보로 일정 기간 전주로부터 돈을 빌린 뒤 무사히 항해를 마치면 원금과 이자를 붙여 상환하고 사고가 나면 채무를 면제받는 거래였다.

위험을 채권자에게 전가한다는 점에서 보험과 유사했지만 일반 대차거래보다 채권자가 돈을 떼일 위험이 크기 때문에 이자율이 매우 높았다. 평균 10척 중 3척이 사고를 당했다면 채권자는 30% 손해를 보게 되므로 모험대차의 이자율은 당연히 이보다 높게 책정되었다.

선주 · 상인 · 보험업자들이 모여든 로이즈 커피하우스

영국 옥스퍼드대학교 앞에 처음 들어선 커피하우스[1650]가 17세기 후반 영국에서 대유행을 했다. 이 가운데 금융사에서 빼놓을 수 없는 것이 템스강변 타워가塔에 들어선 로이즈 커피하우스다. 런던에는 왕립거래소Royal Exchange가 있었지만, 허가를 받은 소수의 중개인만 출입이 가능했다. 그렇지 못한 중개인들은 왕립거래소 주변에 들어선 커피하우스로 모여들었다. 커피하우스가 보험, 증권거래의 중심이 된 배경이다.

로이즈 커피하우스는 입지 선정부터 탁월했다. 선착장 근처여서 선주, 선원, 무역상, 보험업자, 조선업자 등이 모이기 쉬웠다. 해군성, 세관 등 정부 기관도 부근에 즐비했다. 자연스레 무역과 항로, 선박과 유럽의 정치, 전쟁 상황 등 온갖 정보가 이곳으로 쏟아져 들었다.

큰 수익을 거둔 로이즈 커피하우스의 주인 에드워드 로이드[1648~1713]는 중심가인 롬바르드가의 훨씬 넓은 건물로 가게를 옮겼다[1691]. 그는 해상무역에 관심이 큰 손님을 위해 차별화된 서비스도 제공했다. 벽면 게시판에 선박의 출항 및 도착 시간, 화물 같은 정보 등을 게시한 것이다.

그는 더 신속한 정보 제공을 위해 선착장과 커피하우스를 오가며 최신 소식을 전하는 통신원인 '러너runner'까지 고용했다. 이들은 선착장에 대기했다가 배가 들어오면 바로 커피하우스로 달려가 알리는 역할을 했다. 커피하우스에 모이는 정보의 속도가 영국 해군보다도 빠를 때가 많았다고 한다.

로이드는 1696년부터 아예 〈로이즈 뉴스Lloyd's News〉를 발행해 항해 일정, 해상 보험, 선박 매매 등에 관한 종합 정보를 제공했다. 이것이 1734년부터 지금까지 이어지고 있는 〈로이즈 리스트〉의 전신이다.

보험과 유사한 중세 모험대차 거래

해상무역 발달과 궤를 같이 하는 해상보험은 로이즈 커피하우스보다 훨씬 전부터 존재했다. 해상무역은 실크로드의 낙타 대상에 비해 수백 배의 화물을 대량 운송할 수 있기에 고대부터 국가의 흥망성쇠를 결정짓기도 했다. 하지만 바다는 예측불허다. 폭풍으로 배가 난파하고, 역풍을 만나 방향을 잃고 표류하는 일이 다반사였다. 선주와 화주貨主들은 전 재산을 날릴 위험을 방지하기 위한 방법을 궁리할 수밖에 없었다.

지중해 교역이 활발했던 고대 그리스에서 해상무역의 위험을 덜기 위한 수단으로 '모험대차貸借'가 생겨났다. 모험대차란 선주와 화주가 항해에 앞서 배나 화물을 담보로 일정 기간 전주錢主로부터 돈을 빌린 뒤 무사히 항해를 마치면 원금과 이자를 붙여 상환하고 사고가 나면 채무를 면제받는 거래였다. 위험을 채권자에게 전가한다는 점에서 보험과 유사한 기능을 했지만 일반 대차거래보다 채권자가 돈을 떼일 위험이 크기 때문에 이자율은 매우 높았다. 예컨대 평균 10척 중 3척이 사고를 당했다면 채권자는 30% 손해를 보게 되므로 모험대차의 이자율은 당연히 이보다 높게 책정되었다.

그러나 1203년 교황 그레고리우스 9세가 이자 금지령을 내림에 따라 모험대차로 이자를 주고받는 길이 막혔다. 유럽 상인들은 전주와 화주·선주 간에 가장 매매계약을 맺고, 이자 대신 수수료보험료를 받는 형태의 변형 모험대차를 고안했다. 배가 무사히 귀환하면 가장 매매계약을 자동 폐기하고 전주가 수수료를 챙기는 대신에 사고가 나면 손해를 보상하는 형태였다. 대출금이 돈으로 오가지 않으므로 '금전대부+위험부담'이던 모험대차에서 위험부담 기능만 살린 것이다.

변형 모험대차는 지중해 교역을 주도한 중세 이탈리아의 베네치아, 제노바, 피사 등지에서 성행했다. 특히 14세기 중반에 나침반이 보급되고 선박 대형화, 등대 구축 등으로 해상무역이 비약적으로 발전하면서 근대 보험의 기원이 되는 순수한 보험계약으로 진화했다. 1384년 피사에서 작성된 보험계약서와 1395년 베네치아의 보험계약 문서가 지금까지 전해진다. 역시 해상무역이 활발했던 스페인에서는 세계 최초로 보험계약에 관한 규정인 바르셀로나법이 제정되었다[1435]. 보험의 틀이 갖춰지기 시작한 것이다.

해상무역이 발달한 시역은 논을 댈 금융이 발전한 곳이기도 했다. 고대·중세의 금융은 대차거래 위주였지만, 14세기에 르네상스로 접어들면서 보험이 그 중심이 되었다. 상인들은 자본을 축적하면서 금융가로부터 돈을 빌리지는 않고 항해 위험 보장만 필요했다. 그런 수요에 맞춰 전문 보험업자와 보험 사무소도 생겨났다.

보험의 대명사가 된 로이즈

17세기 해상무역의 중심이 된 런던에서도 보험업이 번성했다. 특정 분야의 종사자가 한 곳에 모이면 그로 인한 시너지 효과가 나는데, 로이즈 커피하우스에 모인 이들의 관심사는 당연히 해상무역의 위험 분산으로 모아졌다.

로이즈 커피하우스는 선주, 화주와 해상보험업자로 가득해 자연스레 보험중개소 역할을 했다. 테이블마다 즉석에서 보험계약이 이루어졌다. 그러나 커피하우스가 번창하면서 도박 및 투기업자들도 모여들었다. 로이즈 커피하우스가 도박의 온상이 된 데 반발한 보험업자들이 1769년 독립해 나왔다. 이들은 1771년 '로이즈 협회Society of Lloyd's'를 결성해 기존 커피하우스 영업에서 탈피한 제대로 된 보험조합으로 발전시켰다. 로이즈 협회를 커피하우스 주인인 로이드와 구분해 '로이즈Lloyd's'라고 부른다.

로이즈는 큰 사고가 발생해도 보험금 지급 거절이나 지급 불능이 거의 없었다. 때문에 1720년 왕립 보험회사들이 등장했음에도 해상 보험의 90%를 점유할 만큼 공신력이 높았다. 로이즈의 모토가 라틴 어로 신뢰를 뜻하는 '피덴티아Fidentia'인 것은 이를 잘 보여준다.

그러나 로이즈는 개인 보험업자 간의 조합이기에 자금력에 한계가 있었다. 이를 극복하는 방법으로 신디케이트공동 인수와 재보험을 발전시켰다. 대형 보험계약이 맺어지면 네임Name으로 불리는 회원 보험업자들이 미리 정한 비율로 나눠 인수하는 방식이었다. 재보험은 소규모 보험업자들의 위험을 다시 분산시키는 '보험의 보험'이다.

보험, 증권 등에서 인수자를 가리키는 '언더라이터underwriter'라는 용어도 로이즈에서 유래했다. 보험계약이 성사되면 이를 로이즈 커피하우스 게시판에 적었는데, 계약에 참여 의사가 있는 보험업자들이 그 밑에 자신의 이름과 인수 비율을 적고 서명했다고 한다.

로이즈는 훗날 3개 조직으로 분리되었다. 첫째, 국제적인 보험업자들의 조합으로 출발해 1871년 제정된 로이즈법Lloyd's Act에 따라 특수법인이 된 런던로이즈Lloyd's of London, 선박의 위험도와 보험 등급을 평가하는 로이즈선급협회LR, Lloyd's Register, 그리고 은행 · 보험 · 증권사를 거느린 로이즈금융그룹이다.

로이즈는 대개 런던로이즈를 지칭한다. 흔히 "로이즈 보험에 재보험을 든다"라고 할 때 로이즈는 로이즈금융그룹 산하 보험회사가 아니라 런던로이즈다. 로이즈는 우주선 발사나 김연아 선수의 다리 보험 등을 인수하기도 했다. '보험회사가 드는 보험'인 셈이다.

런던 대화재가 만들어낸 화재보험

1666년 9월 2일 새벽, 빵 공장에서 치솟은 불길이 런던 중심가를 덮쳤다. 시 당국의 늑장 대응으로 화재는 닷새간 이어졌다. 유서 깊은 세인트폴대성당을 비롯해 교회 87곳을 태웠고, 시내 가옥의 4분의 1이 소실되어 수만 명의 이재민을 냈다. 급속한 도시화로 인구가 급증한 데다 대부분이 목조건물이어서 피해가 컸다. 역사에 기록된 런던 대화재였다.

화재로 집과 가족을 잃은 사람들은 언제 닥칠지 모를 재난에 대비하기 위한 보험의 필요성을 절감했다. 이듬해 치과의사 출신 니컬러스 바본이 국왕의 명에 따라 화재를 대비하고 피해자를 구제하기 위한 화재사무소를 열자 비상한 관심을 끌었다. 여기서 등장한 것이 화재보험이다. 바본의 사무소는 1705년 피닉스화재사무소로 발전해 100년 가까이 존속했다.

이어 1720년에는 당시 조지 1세의 특허를 받은 런던보험회사 등이 정식 보험회사로 설립되었다. 본래 해상보험이 목적이었지만 이미 로이즈가 장악하고 있어 주로 화재보험에 주력했다.

중세에도 화재로 인한 손실을 메워주는 관행이 있었다. 동업자 조합인 길드에서 한 멤버가 화재로 피해를 입으면 다른 멤버들이 도와주는 상호부조 형태였다. 화재보험을 전담하는 독립 회사는 런던 대화재 이후에야 등장했다. 18~19세기에 산업혁명을 계기로 수요가 늘면서 화재보험은 유럽과 미국에서 비약적으로 발전했다. 오늘날에는 화재뿐 아니라 상해보험, 자동차보험, 항공보험 등 다양한 위험을 보장하는 손해보험으로 발전했다.

생명보험은 상대적으로 뒤늦게 생겨 '보험의 막내'로 불린다. 최초의 생명보험회사는 1706년 설립된 영국의 아미카블 소사이어티로 알려져 있다. 프랑스 루이 14세 때 이탈리아 금융가 로렌초 데 톤티의 건의에 따라 시행된 '톤틴연금'에 착안해 가입자들이 낸 돈을 사망자 가족에게 나눠 준 것이다. 2,000명 단위로 구성된 톤틴연금은 가입자가 낸 돈으로 조성한 기금의 이자 수익을 매년 생존자에게 나눠 주는 방식이었다. 가입자는 오래 살수록 받는 돈이 커져 최후의 생존자는 로또 당첨과 같은 큰 수익을 올렸다. 아미카블 소사이어티는 이를 뒤집어 그해 사망자 유족에게 기금을 배분하는 방식을 채택했다.

근대적 체계를 갖춘 생명보험회사는 1762년 설립된 영국의 '에퀴터블생명보험'이다. 계약 전 신체검사, 가입 한도 제한, 해지 환급금, 계약자 배당 등 현대 생명보험의 토대가 이때 만들어졌다. 이처럼 보험에는 해상무역, 런던 대화재, 통계학 등의 역사가 고루 녹아 있다.

금융과 국제 정치를 좌우한 로스차일드의 실체는?

: 한 가문이 일으킨 최초의 국제금융그룹

로스차일드 가문은 국채 주식 등 금융거래에만 집중한 것이 아니었다. 19세기 '철도의 시대'가 열리자 유럽 철도 사업의 자금줄이 되었고, 광산업과 철강 제련업에도 진출했다. 유럽 대륙의 산업혁명 과정에서 핵심 산업에 자금을 공급한 것이다.

미국 남북전쟁·크림전쟁·프랑스-프로이센전쟁에도 로스차일드 가문이 자금을 댔다. 그리고 1875년 영국의 디즈레일리 수상이 수에즈운하를 사들일 때에도 400만 파운드의 막대한 자금을 대 큰 이익을 안겼다. 또한 2차 세계대전 이후 시오니즘을 지원해 이스라엘 건국을 돕기도 했다.

워털루전투로 벌떡 일어선 집안, 로스차일드

1815년 6월 18일, 벨기에 브뤼셀 근교의 워털루에서 나폴레옹의 프랑스군과 웰링턴 장군의 영국군이 최후의 일전에 돌입했다. 같은 날 런던증권거래소에서는 무수한 투자자들이 초조하게 결과를 기다리고 있었다. 영국군이 이기면 투자한 영국 국채로 돈방석에 앉지만, 지면 깡통을 찰 수도 있는 순간이었기 때문이다.

이날 저녁이 되자 나폴레옹의 패색이 짙어졌다. 그러자 로스차일드 가문에서 파견한 정보원이 브뤼셀로 달려가 배를 갈아타고 영국 해협을 건넜다. 이튿날 새벽, 영국 포크스턴 해변에 도착해 직접 부두로 나온 네이선 로스차일드에게 편지 한 통을 전했다. 그는 봉투를 뜯어 슬쩍 훑어본 뒤 런던증권거래소로 달려갔다.

네이선은 무표정하게 기둥 옆 평소 자기 자리에 섰다. 모든 사람들의 시선이 그에게 쏠렸다. 이윽고 네이선이 눈짓을 하자 그의 거래원들이 창구로 가 콘솔consol로 불리는 영국 국채를 팔아치웠다. 이 모습을 본 투자자들은 패닉공황 상태가 되어 너도나도 팔자고 나섰다. 몇 시간 뒤 국채는 액면가의 5%도 안 되는 휴지 조각으로 변해 있었다.

이를 태연히 지켜보던 네이선이 눈짓을 하자, 거래원들이 반대로 국채를 닥치는 대로 사들였다. 웰링턴 장군의 특사가 승전보를 갖고 런던에 당도한 것은 이틀 뒤였다. 네이선은 그 사이에 영국 국채로 20배의 사익을 챙겼다.

국내에서도 베스트셀러가 된 쑹훙빙의 《화폐 전쟁》1권 첫머리에 소개된, 로스차일드 가문이 나폴레옹전쟁에서 부를 거머쥔 장면이다. 워털루전투에서 영국이 패한 것처럼 국채를 팔아 시장을 공황에 빠뜨린 뒤, 승전 소식이 당도하기 전에 되사는 수법을 교활한 투기로 그린 것이다. 이 사건을 계기로 네이선이 영국 정부의 최대 채권자가 되고, 잉글랜드은행중앙은행의 실권을 장악해 오만한 대영제국 경제를 접수했다는 게 쑹훙빙의 시각이다.

네이선의 일화는 프랑스 작가 발자크가 처음 언급한 뒤 로스차일드 가문이 세계경제를 좌우한다는 음모론의 소재가 되었다. 전쟁이 벌어질 때마다 그 배후에 로스차일드 가문이 있었고, 가문의 총재산이 무려 6경 원에 달하고, 미국 연방준비제도이사회FRB를 주무르며, 비밀결사인 프리메이슨의 일원이라는 음모론이 지금도 공공연히 회자되고 있다. 이는 로스차일드 특유의 비밀주의, 국제금융계의 큰손, 엄청난 부와 미술품을 소유했던 이력 등에 기인한다.

그러나 하버드대 교수 니얼 퍼거슨은 로스차일드 가문이 통신 기술이 발명되기 전에 전서구전령 비둘기를 이용했지만 가격 정보를 수집하는 수준이었고, 영국 국채를 매입해 돈을 벌었지만 영국 경제를 좌우할 정도는 아니었으며, 오히려 나폴레옹전쟁의 장기화를 예상해 금을 대거 샀다가 전쟁이 조기 종료되어 큰 손해를 봤다고 지적했다.

골동품상에서 최초의 국제금융그룹으로

로스차일드는 '붉은 방패rot schild'란 뜻이며 독일어 이름의 영어식 발음이다. 독일에서는 로트실트, 프랑스에서는 로쉴드로 불린다. 독일계 유대인인 로스차일드 가문의 시작은 미약했다. 18세기 전반까지 존재도 없는 가문이었다.

로스차일드라는 이름이 알려지기 시작한 것은 프랑크푸르트에서 골동품 가게와 대부업으로 성공한 메이어 암셸 로스차일드 1744~1812로부터였다. 메이어는 특유의 성실함과 신용으로 돈을 벌며 가문을 일으켜 프랑스혁명기에 영국의 물건을 독일에 팔아 부를 축적했다. 1800년에 이르자 로스차일드 가문은 프랑크푸르트의 제일가는 부자가 되었다. 가장 결정적인 전기는 프로이센의 왕자 빌헬름 공의 재산을 맡아 운용하면서부터다. 나폴레옹전쟁이 터지자 메이어는 자신의 재산을 다 빼앗기면서도 빌헬름공의 재산을 지켜냈다. 그 덕에 메이어는 왕실 재정 대리인으로 격상되었다.

메이어의 진짜 재산은 다섯 아들이었다. 그들은 유럽 주요 도시들로 퍼져 은행을 세웠다. 큰아들 암셸은 프랑크푸르트 본점을 맡고, 둘째 살로몬은 유럽 정치의 중심지인 오스트리아 빈으로 진출했다. 셋째 네이선은 영국 런던으로 파견되었다. 가장 똑똑했다는 네이선은 영국과 프랑스 간의 무역이 단절된 상태에서 영국의 의류 등을 몰래 들여다 유럽에 팔아 큰돈을 벌었다. 이를 기반으로 은행을 세웠고, 워털루전투를 전후로 재산을 엄청나게 불렸다.

넷째 칼은 나폴리에, 막내 제임스는 파리에 각각 은행을 세웠다. 제임스는 런던의 네이선이 했던 것처럼 1818년 나폴레옹의 재집권 소문 속에 프랑스 국채를 사들여 큰돈을 벌었다. 그는 프랑스 국왕 다음으로 재산이 많은 사람이 되었다.

5개 주요 도시에 설립된 로스차일드은행은 단일체처럼 일사불란 하게 움직였다. 역사상 최초의 다국적 국제금융그룹이 탄생한 것이 다. 가장 빠른 교통수단이 마차였고, 변변한 통신수단이 없던 시절에 로스차일드 형제들은 각지의 정보원과 전서구를 이용해 각국 정부 와 금융시장 동향을 공유하며 부를 늘려갔다. 유럽에 전쟁과 혁명이 잦을수록 로스차일드 가문에는 기회였다. 훗날 네이선이 "거리가 피로 물들 때마다 나는 사들였다"라고 회고했다는 말도 있다.

돈이 급한 각국의 왕과 귀족들은 더 이상 로스차일드 가문을 괄시할 수 없었다. 5형제는 1822년 오스트리아의 황제 프란츠 2세로부터 귀족 작위까지 받았다. 영국과 프랑스에서도 나중에 작위를 받았다. 유대인 벼락부자 가문이 세습 귀족의 반열에 오른 것이다.

로스차일드 가문의 문장에는 라틴어로 '협력 · 성실 · 근면'이란 글귀와 화살 5개를 손에 쥔 그림이 그려져 있다. 화살처럼 빠르며 5형제가 하나로 뭉치면 결코 부러지지 않는다는 뜻이다. 형제들은 신속한 정보력과 단합된 힘으로 19세기 유럽의 돈줄을 거머쥐었다. 한 나라에서의 손실은 다른 나라에서의 이익으로 상쇄했다.

다이아몬드부터 와인, 미술품까지 손대다

19세기 중반이 되자 로스차일드 가문은 각국의 금융은 물론 정치에도 막강한 영향력을 행사했다. 큰아들 암셀이 키운 인물이 철혈 재상 비스마르크였고, 둘째 살로몬은 오스트리아 재상 메테르니히의 후원자였다.

로스차일드 가문은 국채, 주식 등 금융거래에만 집중한 것이 아니었다. 19세기 '철도의 시대'가 열리자 유럽 철도 사업의 자금줄이 되었고 광산업과 철강제련업에도 진출했다. 유럽 대륙의 산업혁명 과정에서 핵심 산업에 자금을 공급했다는 점에서 로스차일드 가문의 기여를 무시할 수 없다.

미국 남북전쟁 크림전쟁 프랑스-프로이센전쟁에도 로스차일드 가문이 자금을 댔다. 1875년 영국의 디즈레일리 수상이 수에즈운하를 사들이는 데 400만 파운드의 막대한 자금을 대 큰 이익을 안겼다. 2차 세계대전 이후 시오니즘을 지원해 이스라엘 건국을 뒤에서 돕기도 했다.

프랑스 지부를 운영한 제임스와 네이선의 아들 너대니얼은 와인 산지로 유명한 보르도의 와인 공장을 인수했다. 제임스가 사들인 샤토 라피트 로쉴드와 너대니얼이 인수한 샤토 무통 로쉴드는 한 병에 수백만 원을 호가할 만큼 최상급 와인으로 손꼽힌다.

미술품 수집에도 일가견이 있었다. 프랑스 루브르박물관에는 로스차일드 가문이 기증한 판화를 전시하는 로스차일드 홀이 있을 정도다. 1999년 오스트리아 정부는 나치가 로스차일드 가문으로부터 압류한 미술품 일부를 반환했는데, 그 가치만 해도 1억 달러가 넘는다고 한다.

억측과 오해를 부른 비밀주의, 중요한 건 '신용'

로스차일드은행은 철저히 비밀주의로 일관했다. 은행의 요직은 로스차일드 성姓을 쓰는 사람만 맡았고, 친족끼리 결혼해 재산 유출을 막았다. 재산을 공개한 적도 없고 재산 상속 때 변호사 개입도 금지해 가문의 재산 규모가 얼마인지 알려진 게 없다.

그렇다보니 온갖 억측과 오해를 낳았고 음모론까지 더해져 국제 정치와 금융을 쥐고 조종하는 비밀 세력으로 대중에 각인되었다. 쑹훙빙은 1850년을 전후로 로스차일드 가문의 재산이 60억 달러에 달했을 것으로 추정했다. 150여 년간 연 수익률을 6%로 계산하면 지금쯤 50조 달러약 5경 5,000조 원에 이른다는 것이다.

하지만 이런 추측은 매우 과장되었다는 게 역사가들의 지적이다. 우선 나폴리은행은 이탈리아 통일 과정에서 시칠리아-나폴리왕국이 가리발디에 의해 무너지면서 폐쇄되었다1863. 프랑크푸르트은행도 후계자가 없어 문을 닫았다1901. 빈은행은 대공황 때 큰 손실을 봤고 나치에 의해 몰수되었다[1938]. 다른 금융자본들과의 경쟁이 치열했고, 유대인 박해가 극심했던 2차 세계대전을 거치며 많은 재산을 잃었다. 각 지부 은행들은 각국의 정치 상황에 따라 서로 상충되거나 상반된 입장에 처하는 일도 많았다.

런던과 더불어 핵심 역할을 했던 파리은행도 미테랑 대통령이 이끄는 사회당 정부가 집권하면서 국유화되었다[1981]. 프랑스와 영국의 로스차일드 가문이 합심해 미국에 로스차일드 투자은행을 세워 금융업의 중심을 미국으로 옮겨갔다[1982]. 2010년에는 최초로 가문 이외의 인물을 CEO에 앉혀 화제가 되기도 했다. 경제 전문지 포브스는 로스차일드 미국 지부의 재산을 150억 달러로 추정했다. 이 정도 규모로는 세계경제를 좌우하는 음모론의 주인공이 될 수준이 못 된다.

그럼에도 유대 자본, 비밀주의, 과거 정치적 영향력 등으로 인해 로스차일드에 관한 추측과 음모론이 끊이지 않는다. 가문에 얽힌 수많은 전설 같은 이야기들과 달리, 로스차일드가 19세기 세계 금융을 주도했던 가장 큰 요인은 고객 자산을 무슨 일이 있어도 지켜준다는 '신용'에 있었다. 금융자본은 신용 없이는 존속할 수 없다.

Part 06

사회와 문화의
경제 세계사

아이디어가 폭발하는 현상을
왜 '메디치 효과'라고 할까?

: 금융으로 돈을 벌어 르네상스를 꽃피운 메디치 가문

15세기 예술가를 적극 후원한 피렌체의 메디치 가문은 기존 장사꾼과는 차원이 다른 기업가의 롤 모델이었다. 단순히 돈을 버는 데 급급하지 않고 사업을 환어음·보험·송금·제조업·관광업 등 획기적인 서비스로 발전시키고, 다방면의 사회 공헌을 통해 국가와 사회에 기여한 것이다.

또한 가문 구성원들이 스스로 지식과 교양을 쌓고 예술을 통해 이미지 개선과 새로운 부를 창출하는 공식도 만들어냈다. 메디치 가문은 기업가로서의 '노블레스 오블리주'를 보여준 셈이다.

르네상스와 동의어가 된 메디치 가문

중세에 위축되었던 예술과 문화에 대한 후원은 14~15세기에 되살아나며 르네상스를 열었다. 르네상스는 문자 그대로 '재생, 부활'을 뜻한다. 르네상스가 번성한 그 중심에 이탈리아 도시국가 피렌체공화국의 메디치Medici 가문이 있었다.

메디치 가문은 1400년께만 해도 두드러진 집안이 아니었다. 가문의 창시자 격인 조반니 디 메디치1360~1429는 삼촌인 비에리 메디치가 로마에서 교황청 환전 업무를 하던 메디치은행을 인수했다1395. 그리고 2년 뒤 상업이 번성한 피렌체로 옮겨왔다.

당시 피렌체에는 은행이 70개가 넘었다. 이때 은행은 지금처럼 거대 금융회사가 아니라 대부업자환전상를 가리켰다. 조반니는 나폴리 귀족과 8년간 거래했는데, 이 귀족이 추기경을 거쳐 1410년 로마 교황 요한 23세가 되었다. 요한 23세는 메디치은행에 교황청의 막대한 자금을 관리하는 주거래은행의 특권을 주었다. 그러자 메디치은행은 16개 도시에 지점을 둔 최대 은행으로 부상했다.

1415년 요한 23세는 콘스탄츠공의회종교회의에서 폐위되어 엄청난 벌금을 물어야 했다. 조반니는 떼일 각오를 하고 그에게 벌금 낼 돈을 빌려주었다. 이 대출은 고스란히 손해가 됐지만, 조반니는 고객과의 신뢰를 끝까지 지킨 금융업자로 이름을 알리게 되었다.

그 뒤에 후임 교황도 교황청 자금을 다시 메디치은행에 맡겼다. 이는 로스차일드 가문의 성공 과정과 유사하다. 당장의 이익에 급급하지 않고 신뢰와 신용을 지킨 것이 성공의 요체인 셈이다.

메디치 가문이 급부상하자 이를 견제하려는 피렌체 권력자들과의 마찰이 커졌다. 이 과정에서 교황청 자금 거래가 끊기며 위기를 맞았다. 1429년 조반니가 사망한 뒤 장남 코시모 데 메디치[1389~1464]가 가업을 물려받았다. 권력의 생리를 간파한 코시모는 다른 금융업자들과 직접적인 마찰을 피하고 당시 블루오션으로 떠오른 광산, 제조, 보험업으로 눈을 돌렸다.

당시 베네치아, 제노바, 피사 등 이탈리아 북부 도시국가들은 해상무역이 활발해 보험 수요가 많았다. 코시모는 배로 운송할 화물을 10% 싸게 산 뒤 배가 들어오면 회수하는 거래모험대차로 막대한 수익을 올렸다. 메디치은행은 교황은 물론 유럽 왕들이 돈을 빌려갈 만큼 커졌다. 당시 메디치 가문의 재산을 현재 가치로 환산하면 빌 게이츠보다도 많을 정도라고 한다.

예나 지금이나 압도적인 부자는 시기와 질투의 대상이 된다. 그래서였을까? 알비치 등 피렌체의 유력 가문들이 결탁해 코시모를 베네치아로 추방했다[1434]. 그러나 피렌체의 통치자에 오른 알비치는 잇단 실정으로 퇴출되었으며, 코시모는 1년도 안 되어 시민들의 환영 속에 귀환했다.

코시모는 1435년 피렌체의 실질적인 통치자가 되었다. 1464년 사망할 때까지 각국이 치열하게 각축하던 시대에 치밀한 외교 전략으로 피렌체의 안정을 도모했다. 그는 사업가로서 성공했을 뿐 아니라 '피렌체의 국부Pater Patriae'라는 칭호도 얻었다.

근대 기업가의 롤모델, 노블레스 오블리주 보여주다

금융업자인 코시모 디 메디치가 통치자에까지 오른 것은 누구나 인정할 만큼 피렌체에 두루 기여했기 때문이다. 코시모는 막대한 부를 바탕으로 예술가·건축가·철학자·과학자 등을 후원했고, 교회·공공건물 건립에도 큰돈을 댔다. 19세기 역사가 에드워드 기번은 "코시모라는 이름은 르네상스와 동의어나 다름없다"라고 평했다.

더구나 고용 인원이 큰 광산, 공장을 보유해 일자리 창출에도 앞장섰다. 피렌체에서 사람들의 눈에 띄는 건물, 조각상들은 모두 메디치 가문을 연상하게 했다. 시민들의 일자리를 제공했으니 당연한 결과였다.

그의 아들 피에로는 5년 만에 사망했지만, 손자 로렌초 데 메디치 1449~1492는 준비된 후계자로서 피렌체와 메디치 가문을 23년간 이끌었다. 로렌초는 나폴리왕국과의 전쟁이 임박하자 나폴리 주재 대사를 자원해 평화협정을 이끌어 냈을 만큼 담대하고, 외교 수완이 뛰어났다. 또한 인문학적 교양으로 가문의 유훈인 예술 후원에 앞장서 '위대한 자'란 뜻의 '일 마그니피코Il Magnifico'라는 칭호까지 얻었다. 그가 통치한 23년은 곧 피렌체의 전성기였다. 메디치 가문은 16세기에 교황을 셋이나 배출했고, 프랑스 왕실과 사돈까지 맺었다.

그러나 장미전쟁1455~1485 때 메디치은행 런던 지점이 잘못된 투자로 파산했고, 다른 지점들도 속속 문을 닫으며 몰락했다. 이는 15세기 말, 대항해시대가 열리면서 해양 패권이 대서양으로 넘어가 지중해의 이탈리아 자유도시들이 점차 쇠퇴한 것과 궤를 같이 한다.

메디치 가문은 금융으로 번 돈으로 르네상스를 활짝 꽃피웠다. '르네상스의 아버지'로 불리는 도나텔로, 브루넬레스키부터 레오나르도 다 빈치, 미켈란젤로, 보티첼리 등 르네상스 거장들은 메디치 가문의 후원 덕에 생계 걱정을 덜고 걸작을 남길 수 있었다. 예술 작품 시장이 존재하지 않던 시절에 예술가들은 후원자patron가 필수였기 때문이다.

또한 유럽 각지의 희귀 도서와 고문서를 모아 메디치 도서관을 세웠다1443. 이 도서관은 유럽 최초의 공공도서관이었다. 피렌체대성당, 메디치 리카르디궁, 우피치미술관 등 피렌체에는 메디치 가문이 남긴 족적이 가득하다.

메디치 가문의 적극적인 후원은 화가, 조각가뿐 아니라 철학자, 시인, 건축가, 과학자 등 유럽 각지의 거장들을 피렌체로 끌어 모았다. 인접한 공간에 수많은 천재들이 모여 수평적 유대를 형성할 때

1+1+1은 3이 아니라 100이나 1000이 될 수 있다.

미국 컨설턴트 프란스 조핸슨은 이처럼 서로 다른 생각들이 한곳에서 만나는 교차점에서 혁신적인 아이디어가 폭발적으로 증가하는 현상을 '메디치 효과'라고 명명했다. 메디치 가문이 르네상스시대의 피렌체를 혁신과 창조의 중심지로 만들었듯이 다양한 영역이 융합하는 지점에서 새로운 혁신이 일어날 수 있다는 이야기다.

15세기 메디치 가문은 장사꾼과는 차원이 다른 기업가의 롤 모델이었다. 단순히 돈을 버는 데 급급하지 않고 사업을 환어음·보험·송금·제조업·관광업 등 획기적인 서비스로 발전시켰으며, 다방면에서 사회 공헌을 통해 국가와 사회에 기여한 것이다. 또한 가문 구성원들이 스스로 지식과 교양을 쌓고 예술을 통해 이미지 개선과 새로운 부를 창출하는 공식도 만들어냈다. 메디치 가문은 기업가로서의 노블레스 오블리주를 보여준 셈이다.

반달족은 어쩌다
야만의 대명사가 되었을까?

: 문명과 문화를 파괴하는 반달리즘

반달리즘은 문화·예술을 훼손하거나 공공시설을 파괴하는 행위를 가리키는 보통명사로 통용된다. 이 말이 처음 쓰인 것은 프랑스혁명이 한창이던 1794년께 혁명 군중이 가톨릭교회 건물과 예술품을 파괴하고 약탈했을 때다. 당시 프랑스 주교 앙리 그레구아르가 반달족의 로마 약탈에 비유해 반달리즘이라고 명명한 데서 유래했다.

로마를 '겁탈'한 반달족

8만 명이 넘는 북방 야만족 집단이 430년 지브롤터해협을 건넜다. 이 야만족의 정예병들은 북아프리카의 히포 레기우스약칭 히포로 진격했다. 히포는 북아프리카 최대 도시인 카르타고와 로마식 가도가 연결된 상업과 군사의 요충지였다. 그들은 히포를 지키던 로마 군대와 14개월간 공방전 끝에 결국 함락시켰다.

히포를 점령한 야만족이 바로 반달족Vandals族이다. 게르만족 일파인 반달족은 본래 2~3세기께 북유럽에서 남하해 폴란드 남쪽 도나우강 유역에 살았는데, 5세기 들어 훈족의 압박과 기후 악화로 인한 게르만족의 대이동 때 부족 전체가 남쪽으로 이동했다. 반달족은 '교활하지만 탁월한 왕'으로 평가받는 가이세리크의 지휘 아래 히스파니아스페인로 들어갔으나, 먼저 정착한 서고트족에 밀려 북아프리카로 이주한 것이다.

반달족은 5년간 마우레타니아모로코와 누미디아알제리를 평정하고, 최대 도시 카르타고까지 점령한 뒤 반달왕국을 세웠다439. 지브롤터해협을 건넌 지 10년 만이다. 그들은 카르타고를 거점으로 시칠리아섬, 샤르데냐섬을 수시로 약탈하고, 이탈리아 본토까지 넘봤다. 이것이 가능했던 것은 당시 서로마제국이 북방 훈족과 게르만족을 방어하는 데 전념하느라 남쪽을 대비할 겨를이 없었기 때문이다.

가이세리크의 반달족은 455년 수도 로마의 외항인 오스티아에 상륙했다. 이어 테베레강을 거슬러 로마에 입성했다. 겁에 질린 군중이 무기력한 페트로니우스 막시무스 황제를 살해하자, 교황 레오 1세가 가이세리크와 협상해 이유 없는 살인, 고문, 방화를 하지 않는다는 조건으로 성문을 열었다. 반달족 병사들은 보름 동안 로마를 철저히 약탈해갔다. 시노오 나나미는 《로마인 이야기》에서 반달족의 로마 약탈을 '로마 겁탈'이라고 기술했다.

오해에서 비롯된 반달리즘과 고딕

로마를 약탈했다는 이유로 반달족은 훗날 '야만의 대명사'가 되었다. 반달족은 로마의 금은보화는 물론 청동상·조각상과 신전 지붕의 금박을 떼어냈고, 조각이 새겨진 난간과 문짝까지 탈탈 털어갔다. 약탈한 물품이 너무 많아 귀환하던 배가 기울어질 정도였다고 한다.

여기서 유래한 반달리즘vandalism은 문화·예술을 훼손하거나 공공시설을 파괴하는 행위를 가리키는 보통명사로 통용된다. 이 말이 처음 쓰인 것은 프랑스혁명이 한창이던 1794년께 혁명 군중이 가톨릭 교회 건물과 예술품을 파괴하고 약탈했을 때다. 당시 프랑스 주교 앙리 그레구아르가 반달족의 로마 약탈에 비유해 반달리즘이라고 명명한 데서 유래했다.

하지만 반달족으로서는 억울한 작명이다. 그들은 교황과의 약속에 따라 교회를 파괴하지 않았고, 저항하지 않는 시민은 해치지도 않았다. 진작부터 로마 문명의 우수성을 알고 동경해왔던 터라 문명 파괴보다는 예술품 반출에 주력했다. 피해자인 로마 입장에서 충격이 워낙 컸기에 반달족의 약탈이 더 부정적으로 기록되었을 것이다.

이미 제국의 위용을 잃은 서로마의 문화와 예술을 진짜 파괴한 것은 제국 말기의 노예와 빈민이었다. 이어 신성로마제국 카를 5세는 메디치 가문 출신의 교황 클레멘스 7세가 프랑스 국왕과 동맹을 맺은 데 대한 보복으로 병사 2만 명을 보내 로마 시내를 부수고 불태우는 '로마 약탈Sacco di Rome'을 자행했다1527.

후대 예술가와 로마 주민도 빼놓을 수 없다. 예술가들은 르네상스 시기에 고대 양식을 재현하겠다며 옛 건축물의 기둥을 뽑아댔고, 주민들은 콜로세움의 돌을 빼내 집 짓는 데 썼다. 예술품을 외국으로 팔아먹는 일도 비일비재했다.

반달왕국은 533년 동로마제국에 의해 멸망했다. 유스티니아누스 1세 황제가 파견한 명장 벨리사리우스의 군대는 2주 만에 카르타고를 함락시키고 반달족의 흔적을 없앴다. 이후 반달족은 다민족 제국인 동로마제국의 일원으로 흡수되었다.

반달리즘에 얽힌 오해에서 비롯된 사례가 고딕Gothic이다. 뾰족한 첨탑과 아치 등이 특징인 고딕의 본래 의미는 '고트Goth족의' '고트풍의'이지만, 고트족과는 관련이 없다. 르네상스시대에는 중세 건축과 미술을 조야하고 야만적이며 촌스럽다고 여겼다. 중세 예술 양식을 경멸적으로 부를 때 당시에 반달족과 거의 동의어로 사용된 고트족을 갖다 붙인 것이다.

그러나 18~19세기에는 거꾸로 고딕풍의 복고 유행이 일어났다. 오늘날 세계문화유산으로 지정된 고딕풍 성당이 많다. 유행이란 돌고 도니 말이다.

스핑크스의 코가 깨진 이유

이집트 기자Giza 지역의 3대 피라미드 앞에 사람 얼굴과 사자 몸통을 한 스핑크스 석상 있다. 높이 20m, 길이 60m에 달하는 스핑크스는 피라미드처럼 돌을 층층이 쌓은 게 아니다. 하나의 석회암 바위를 깎아 만든 것이라고 한다. 카프레 왕의 피라미드 앞에 위치해 피라미드와 같은 BC 2500년께 만들어진 것으로 추정되었지만, 최근에는 이보다 훨씬 앞선 것으로 보고 있다.

그런데 스핑크스는 코를 포함한 얼굴 부위가 심하게 파괴되었다. 그 연유에 대해서는 18세기 말 나폴레옹 군대의 포격설, 17세기 오스만제국의 포격설, 중세 이슬람교도 또는 기독교도의 파괴설 등 여러 가지 설이 있다. 나폴레옹이 로제타석 같은 고대 유물을 애지중지하며 반출할 정도로 문화재광表임을 감안할 때 나폴레옹 군대보다는 오스만제국 군대 쪽에 혐의를 두는 학자들이 많다.

이와 달리 우상숭배를 금지하는 종교의 광신도들이 스핑크스를 파괴했을 가능성도 제기된다. 이집트의 룩소르, 아부심벨 등의 석상을 보면 대부분 얼굴이 파괴되었거나 머리가 없다. 이슬람권은 기독교도를 파괴자로 지목하고, 기독교권은 이슬람교도를 의심한다. 서로 '네 탓' 공방인 셈이다.

스핑크스의 깨진 코는 반달리즘의 상징으로 간주되는데, 이런 형태의 석상 파괴는 동양에서도 적지 않았다. 조선시대 숭유억불崇儒抑佛 정책에 따라 석불, 석탑, 불화 등이 광범위하게 훼손되었다. 중국에도 불교 벽화에 회칠을 하거나 석불을 파괴한 경우가 흔하다.

인류의 반달리즘은 그 기원을 알기 어렵다. 그러나 이민족, 타종교를 정복했을 때마다 거의 예외 없이 문명 파괴와 약탈이 일어난 것을 보면 인간 본성의 어두운 측면이 아닌가 싶다.

역사에 기록된 반달리즘의 최초 사례는 BC 356년 에페소스터키 지역에 있는 아르테미스신전이 헤로스트라투스란 방화범에 의해 불탄 사건이다. 그의 방화 이유가 후세에 이름을 남기기 위해서였다니, 목적은 달성한 셈이다. 이 신전은 130m 길이에 18m 높이의 대리석 기둥이 늘어서 고대 세계의 7대 불가사의 중 하나였다.

아테네의 파르테논신전도 반달리즘으로 크나큰 피해를 봤다. 17세기에 그리스를 침공한 오스만제국 군대가 파르테논신전을 화약

고로 썼다. 반격에 나선 베네치아 연합군이 이곳에 대포를 쏘아 신전 지붕이 날아갔다. 양측 모두 반달리즘을 자행한 꼴이다. 건축물 파괴 뿐 아니라 정신문화를 말살하는 진시황의 분서갱유焚書坑儒, 마오쩌둥

문화대혁명

중국 내의 전근대적인 문화와 자본주의를 타파하자는 마오쩌둥 주도의 사회주의운동으로 1966년부터 1976년까지 10년간 전개되었다. 이 운동으로 중국의 전통적인 유교 문화가 붕괴되고, 다수의 문화유산이 파괴되었다.

의 *문화대혁명 역시 반달리즘의 대표 사례로 꼽힌다.

문화유산 파괴는 지금도 끊임없이 자행되고 있다. '아드리아해의 진주'로 불리며 중세 도시 유적지로 유명한 크로아티아 두브로브니크는 1991년 보스니아 내전 때 세르비아-몬테네그로의 폭격을 받아 크게 파괴되었다. 16세기에 지어진 인도 북부의 이슬람 사원을 과격 힌두교도들이 부순 일도 있다[1992].

아프가니스탄의 탈레반 정권은 6세기에 건립된 바미얀 석불을 파괴했다[2001]. 극단주의 테러집단 이슬람국가ISIS는 실크로드의 요지였던 시리아 팔미라의 2000년이 넘는 고대 신전을 폭파하고, 대중 앞에서 조각상을 해머로 부쉈다[2015].

현대의 일상 속 반달리즘, 되돌리는 것은 불가능해

일상 속에서도 반달리즘은 흔히 일어난다. 국내외 유명 관광지마

다 한글 낙서를 볼 수 있다. 북한에서 깎아지른 명산의 절벽에 김일성 부자를 찬양하는 글귀를 새긴 것도 마찬가지다.

해외에서도 반달리즘 문제가 끊이지 않는다. 미켈란젤로의 피에타가 망치로 공격받았고, 다 빈치의 모나리자가 일본에서 전시될 때는 페인트 세례를 받을 뻔한 적도 있다. 안데르센의 명작 동화를 기려 1913년 덴마크 코펜하겐에 세워진 인어상은 두 번이나 목이 잘린 적이 있다. 최근에도 여러 번 빨간색, 녹색, 분홍색 페인트를 뒤집어썼다. 로마미술관에서 전시 중이던 앙리 마티스의 그림 3점이 송곳으로 훼손된 일도 있었다[1998].

오늘날 반달리즘이란 용어는 문화유산, 예술품에 대한 파괴뿐 아니라 공공시설, 자연경관을 훼손하는 낙서, 훼손, 난개발까지 포함하는 광범위한 개념으로 통용된다. 문명과 문화를 파괴하는 행위 전반을 가리키기도 한다. 파괴는 하루면 충분하지만 이를 되돌리는 것은 영원히 불가능할 수 있다.

'신사의 나라' 영국에서
젠트리는 진짜 신사일까?

: 곡물법 파동으로 촉발된 지주와 신흥 자본가의 마찰

신사를 뜻하는 '젠틀맨'은 양복에 넥타이를 맨 점잖은 남자를 연상하게 하지만 본래 영국의 신분 계급 중 하나였다. 작위가 있는 귀족 바로 아래의 중간 계급을 분류할 때 젠틀맨은 영지 규모가 가장 작은 사람을 말한다.

이처럼 기사가 아니면서 명예 작위를 얻은 준남작 기사 에스콰이어 젠틀맨 등 하층 지주계급을 통틀어 '젠트리'라고 불렀다. 어원은 옛 프랑스어로 귀한 집안 출신을 뜻하는 'gentil'이다. 젠트리는 공작 · 백작 등의 귀족과 평민 사이에 위치했다.

에스콰이어와 젠틀맨은 하층 지주계급

신사紳士를 뜻하는 젠틀맨gentleman은 양복에 넥타이를 맨 점잖은 남자를 연상하게 하지만 본래 영국의 신분 계급 중 하나였다. 작위爵位가 있는 귀족 바로 아래의 중간계급을 분류할 때 영지 규모가 가장 작은 사람이 젠틀맨이었다.

이처럼 기사가 아니면서 명예 작위를 얻은 준準남작baronet 기사knight 에스콰이어esquire 젠틀맨 등 하층 지주계급을 통틀어 '젠트리gentry'라고 불렀다. 어원은 옛 프랑스어로 귀한 집안 출신을 뜻하는 'gentil'이다. 젠트리는 공작 · 백작 등의 귀족과 평민농민 사이에 위치했다. 조선의 양반, 일본의 사무라이, 중국 명 · 청 시대의 신사에 해당한다. 젠틀맨을 처음에 한자로 '신사'라고 번역한 것도 지방 사족士族과 유사했기 때문이다.

젠트리는 귀족에 포함되지 않았지만, 가문의 휘장을 쓰는 것이 허용되었다. 지주뿐 아니라 법률가, 성직자, 의사 등 전문직과 부유한 상인까지도 이 범주에 포함되었다. 실질적인 사회 엘리트였으며 역사적으로 영국의 시민혁명과 산업혁명에서 중요한 역할을 했다.

시대가 흘러 젠트리의 계급적인 개념은 희석되고, 이와 거의 동의어로 쓰인 젠틀맨이 귀족을 포함한 상류 계층을 통칭하는 말이 되었다. 현대의 젠틀맨은 '교양 있고 예의 바른 남성'을 지칭하는 일상용어다. 영국을 흔히 '신사의 나라'라고 하는 것도 국가가 신사다워서가 아니라 너도나도 젠틀맨이라고 부른 데서 기인하지 않았을까?

농업 국가에서 상공업 국가로 성장한 영국

젠트리는 16세기에 본격 등장했다. 중세가 끝나가던 당시 영국에서는 토지 소유와 신분 계급에 큰 변화가 일어났다. 권력층인 상층 귀족이 쇠퇴하고, 농업과 상공업으로 부를 축적한 중간 계층이 전면에 부상한 것이다.

15~16세기에 일어난 1차 인클로저Encloser운동은 양모를 공급할 양을 사육하기 위해 지주들이 농지나 휴경지, 공동경작지 등 자신의 땅에서 농민을 내쫓고 울타리를 친 것이다. 농사지을 땅을 잃은 농민들은 실업자로 전락하고 도둑이나 거지가 되기도 했다. 노포크에서 '케트의 반란'이 일어나 난민들이 목장의 울타리를 부수는 사건까지 일어났다[1549]. 당시 토머스 모어는 자신이 펴낸《유토피아》에서 "양이 인간을 잡아먹는다"라고 했지만, 대세를 거스를 수는 없었다.

인클로저운동은 중세 장원경제의 붕괴와 새로운 사회·경제 주역의 탄생을 알린 변곡점이었다. 농업 위주였던 영국은 16세기 들어 해외 식민지 건설, 해상무역과 모직물 산업을 통해 상공업 국가로 빠르게 변화하고 있었다.

인클로저운동으로 가장 득을 본 계층이 젠트리 같은 신흥 지주와 요먼yeoman으로 불린 부유한 자영농이었다. 이들은 자신의 농지에 울타리를 치고 목장을 만들었다. 요먼은 토지를 사들여 젠트리로 신분이 격상되기도 했다. 그 결과 세습 귀족과 봉건 영주 위주였던 지주 계급이 젠트리의 가세로 분화되었고, 대규모 농장이 등장해 '농업의 자본화'도 가속화되었다.

토지를 통해 부를 축적한 젠트리는 의회에도 진출해 영국의 핵심 세력으로 성장했다. 1688년의 명예혁명과 이듬해 *권리장전의 주역이 젠트리였다. 젠트리와 요먼의 주도로 18세기 후반 농업기술 발전과 가축 품종 개량에 의한 농업혁명도 일어났다.

중세에는 토지 이용 기술이 낙후되어 작물을 재배한 뒤 지력地力 회복을 위해 1년간 농사지은 땅은 그 기간만큼 놀려야 했다. 그러나 18세기에 농지를 4개로 나눠 '밀→순무→보리→클로버' 등의 순으로 윤작하는 이른바 '노포크 농법Norfolk System'이 개발되었다. 사료작물 덕에 휴경기를 둘 필요 없이 1년 내내 농사를 지을 수 있게 되어 당시로서는 획기적인 농법이었다.

이로써 단순재생산이던 농업이 '사료작물 증산→가축 증가→비

> **권리장전**
>
> 명예혁명 때 승인받은 〈권리선언〉을 토대로 영국 의회가 1689년 12월에 제정·공포한 시민의 권리와 자유, 의회 동의 없는 왕권의 제약 등에 대한 법률을 이르는 말이다. 이 법률 문서는 입헌군주제 국가인 영국 헌법의 기초가 되었다.

료 증가→곡물 증산'의 확대재생산으로 변모했다. 이런 혁신은 18~19세기 초에 2차 인클로저운동으로 귀결되었다. 지주들은 작은 규모의 땅에서 더 많은 곡물을 생산할 수 있게 되어 토지 활용도가 높아지자, 공동경작지였던 곳까지 울타리를 치고 소유권을 강화했다. 농지를 임차해 농업 노동자를 고용하고, 농작물을 생산하는 농업 자본가도 등장했다.

농업이 대형화할수록 중소 농민들이 몰락했다. 젠트리도 분화되어 더 큰 지주가 되거나 상공업에 투자해 산업자본으로 변신하기도 했다. 카를 마르크스는 인클로저운동에 주목하며 농민들이 자본주의적 생산에 필요한 임금노동자로 전환되었다고 보았다.

지주 vs 자본가, 곡물법 파동이 불붙다

1760년대에 산업혁명이 본격적으로 시작되자 영국의 주력산업이 모직에서 면방직으로 옮겨갔다. 무역과 방직업으로 큰돈을 번 신흥 자본가시민계급가 등장했다. 영국의 시민혁명을 주도한 젠트리 중 지주에서 자본가로 변신한 이들은 산업혁명에도 크게 기여했다.

그러나 산업혁명이 진척될수록 서로 이해가 상충되어 지주와 신흥 자본가 간의 마찰이 커졌다. 지주는 농산물 수입 제한으로 곡물 가격이 높게 유지되는 게 이득이지만, 자본가는 관세를 낮춰 곡물이

싸게 수입될수록 유리해진다. 밀 같은 곡물 가격이 뛰면 노동자들의 생계비 부담이 커져 임금 인상 압력이 커지기 때문이다.

당시 영국에서는 1660년 제정한 곡물법곡물조례, The Corn Law을 통해 수급이 조절되었다. 곡물법은 영국 내 곡물 가격이 낮을 때 수입 관세율을 높여 수입을 억제하고, 곡물 가격이 비싸지면 관세율을 낮춰 수입을 늘림으로써 곡물 수급과 가격 안정을 꾀하는 제도였다.

1793~1815년 사이에 나폴레옹전쟁과 대륙봉쇄령으로 곡물 가격이 뛰자 지주와 자본가의 갈등이 더 첨예해졌다. 당시 영국 의회는 기득권층인 귀족과 젠트리 등 지주계급이 다수였다. 당연히 의회는 곡물 가격을 높이는 쪽을 선호했다. 전쟁이 한창이던 1812년 밀 가격은 1쿼터약 218㎏당 118실링까지 치솟았다.

그러나 1815년 전쟁 종료 후 밀 가격이 60실링대로 급락하자 의회는 곡물법을 개정했다. 개정 곡물법에서는 밀 수입 금지 하한선을 쿼터당 54실링에서 80실링4파운드, 현재 가치로는 240파운드으로 높였다. 80실링을 넘어야만 외국산 밀 수입을 허용하는 일종의 수입 금지 조치였다.

게다가 1816년 인도네시아 탐보라 화산 폭발의 여파로 기후가 악화되어 흉작이 겹쳤다. 노동자의 생활은 점점 악화되었지만, 곡물 가격은 좀체 떨어지지 않았다. 또한 전쟁 종료로 제대 군인들까지 대거 노동력으로 공급되어 임금만 더 내려갔다. 이 때문에 영국 의회와 경제학자들 사이에 곡물법을 둘러싼 치열한 논쟁이 벌어졌다.

데이비드 리카도1772~1823는 당시 곡물법을 맹렬히 비판한 경제학

자였다. 그는 곡물 가격이 높게 유지되면 토지 이용 수요 증가로 지대
地代가 올라 곡물 가격이 더 높아진다는 '차액지대론'을 폈다. 리카도
는 "지주의 이익은 다른 모든 계급의 이익과 항상 대립한다"라며 곡
물법 폐지와 비교 우위에 따른 자유무역을 설파했다.

반면 토머스 맬서스는 개정 곡물법을 옹호했다. 그는 낮은 곡물 가
격은 노동자의 임금을 낮추고, 곡물 수입 의존도를 높여 오히려 위험
하다고 봤다. 따라서 수입 기준선이 80실링은 되어야 농업과 노동자
임금이 유지될 수 있다고 주장했다. 산아제한과 인구 억제를 염두에
둔 맬서스의 논리는 지주계급에게는 복음이었다.

자본가와 노동자에게 고통이었던 곡물법은 1846년에야 폐지되
었다. 1845년 당시 영국 식민지였던 아일랜드의 감자 대기근으로
100만 명 이상이 굶어죽고 난 뒤였다. 곡물법 폐지로 곡물 수입이 자
유로워졌다. 이는 보호무역에서 자유무역으로, 지주 중심에서 신흥
자본가 중심 사회로의 전환을 의미했다.

이후 농업의 중요성이 낮아지고 자본가의 시대가 도래하면서 지
주의 위상은 급격히 축소되었다. 젠트리라는 중간 계급은 부르주아
로 불린 신흥 자본가·법률·교육·의학 등 전문직, 상업과 금융에
서 성공한 이들까지 포괄하게 되었다.

토지를 소유한 젠트리landed gentry는 직접 일을 하지 않고 지대rent만
으로 생활이 가능한 수준이었다. '젠트리는 손톱 밑에 기름때를 묻히
지 않는다'라는 말이 있을 정도였다. 대신 학문, 과학, 스포츠 등에 취

미로 몰두하는 경우가 많았다. 젠트리의 생활수준과 눈높이는 귀족에 가까웠지만, 작위를 받지 못한 것이 핸디캡이었다.

젠트리는 거주지 주변의 주택을 사들여 고급 주택을 짓는 경우가 많았다. 젠트리가 몰리는 곳은 동네가 고급화되어 주변 토지와 주택 값이 올랐다. 여기서 파생된 용어가 '젠트리피케이션gentrification'이다. 젠트리피케이션은 영국 사회학자 루스 글라스가 《런던:변화의 양상》에서 런던의 첼시, 헴스테드 등지의 변화를 관찰하고 사용한 용어다. '도시 회춘화回春化' 현상이라고도 한다.

젠트리피케이션은 본래 하층민 주거지역에 중산층 이상이 유입되어 고급화하는 현상을 가리켰다. 그러나 요즘 젠트리피케이션은 부정적인 뉘앙스가 강하다. 낙후된 구도심이 인기를 끌면서 사람들이 몰리자 임대료가 올라 이를 감당하기 어려운 원주민이 내몰리고 있기 때문이다. 서울의 삼청동, 서촌, 북촌을 비롯해 홍익대 인근, 망원동, 상수동, 경리단길 등 여러 곳에서 유사한 현상이 일어나고 있다. 젠트리피케이션을 규제해야 한다는 주장이 많지만, 인위적으로 규제할 수 없다는 반론도 만만치 않다.

미래의 노동 시장에서는
정말 기계가 인간을 대체할까?

: 골든칼라와 실리콘칼라가 이끌어 갈 노동의 미래

리프킨은 노동의 미래를 매우 부정적으로 봤다. 기계와 로봇이 인간 노동을 대체해 21세기 중반에는 블루칼라가 역사에서 사라지게 될 것으로 예상했다. '노동의 종말'이 다가오고 가까운 미래에 제2의 러다이트운동이 벌어질 수 있다는 것이다.

하지만 노동의 종말이라기보다는 그동안 익숙했던 영역·직업·노동 방식 등의 각종 경계선이 해체되는 과정으로 봐야 할 것이다. 경제사를 돌이켜 보면 생산수단의 혁신적인 변화가 일어날 때마다 일자리에 충격을 줬지만 전에는 없던 일자리도 무수하게 만들어졌다.

전문지식과 기술을 동시에 갖춘 그레이칼라

영어권 사람들은 딱딱한 경제 용어를 색깔을 넣은 비유적 표현으로 바꿔 쓰는 경우가 흔하다. 이를테면 해고 통지서를 뜻하는 핑크슬립pink slip, 행정 편의주의를 비유한 레드테이프red tape, 간단히 점심을 먹으며 하는 회의를 가리키는 브라운백미팅brown bag meeting, 추수감사절 전후의 대대적인 세일을 뜻하는 블랙프라이데이Black Friday 같은 것이 그런 예다.

이런 비유적 언어 습관은 노동 형태를 구분할 때도 널리 이용된다. 흰 셔츠를 입는 사무직을 화이트칼라white collar, 푸른 계통의 작업복은 입는 생산직을 블루칼라blue collar로 구분하는 것은 기본이다. 하지만 오늘날 기업에서는 기술 고도화, 생산 자동화로 인해 이런 이분법에 속하지 않는 다양한 형태의 노동이 생겨나고 있다.

주로 언론에서 생산하는 신조어로 대표적인 것이 '그레이칼라grey collar'다. 공정이 자동화 · 첨단화되면서 생산직도 반복적인 노동이 아니라 전문 지식과 기술을 요하게 되었다. 따라서 높은 교육수준과 고도의 전문성을 갖추고 화이트칼라의 관리와 블루칼라의 생산을 동시에 수행하는 사람이 필요해졌다. 이들이 그레이칼라다. 보통 엔지니어를 말한다.

글로벌 제조업체의 경우 그레이칼라의 비중이 기업의 경쟁 우위를 결정하는 요소로 평가된다. 예컨대 자동차 공장의 생산직이 단순 조립에 그치지 않고, 문제점을 찾아내 해결하고 생산성을 개선하는 등 관리자 역할까지 수행하는 경우가 이에 해당한다.

이밖에도 화이트칼라의 전문성과 블루칼라의 육체노동이 혼합된 집사나 목공예가 같은 직업을 브라운칼라brown collar라고 부른다. 또 친절함, 섬세함, 배려 등이 요구되는 분야는 주로 여성이 종사해 핑크칼라pink collar라고 한다. 간호사, 미용사, 베이비시터, 언어치료사, 스튜어디스, 안내원 등이 이에 해당한다. 3차 산업서비스업이 커지면서 기존 블루칼라나 화이트칼라로는 구분할 수 없는 노동자는 논칼라none collar로 분류한다.

〈정글의 법칙〉과 8시간 근무, 무엇이 달라졌을까?

장수 TV프로그램인 〈정글의 법칙〉을 보면 어디를 가나 출연자의 일과가 비슷하다. 하루 종일 먹거리를 찾아 헤매고, 불을 피우고, 잠잘 곳을 만드는 것이다. 실제로 인류는 거의 대부분 먹고사는 데 하루를 바쳤다. 수렵·채집시대와 농경시대는 물론 18세기 근대까지도 생산의 원천은 '근육'이었다. 자연환경에 순응하며 사람과 동물의 근육에 의존해 해마다 단순재생산을 되풀이했다. 농업 생산량이 늘면 인구가 늘어나고, 흉년이 들어 식량이 부족해지면 전쟁과 약탈이 벌어져 다시 인구가 줄어드는 이른바 '맬서스 함정'에 갇혀 살았다.

이런 쳇바퀴 도는 삶에서 벗어난 것은 19세기 이후 기술 문명의 비약적인 발전 덕분이다. 생산의 원천이 인간의 근육에서 기계로 바뀌며 획기적인 확대재생산이 일어났다. 초기에는 하루 16시간 휴일도 없이 일해야 했던 중노동, 아동노동 등의 문제도 불거졌다. 1848년 마르크스와 엥겔스의 〈공산당선언〉도 이런 배경에서 나왔다. 하지만 기계를 통한 생산성 향상은 노동자의 생활수준을 획기적으로 끌어올렸다. 하루 8시간, 주5일 노동에다 여가와 휴가도 즐길 수 있게 된 것이다. 레저라는 말은 근대까지도 귀족이 아니고서는 상상할 수 없는 개념이었다. 현대 노동자의 소비수준은 17세기 베르사유 궁전의 귀족보다 낫다고 할 정도다.

20세기 말 생산수단에 또다시 변혁이 일어났다. 1980년대 이후 개인용 컴퓨터PC 보급, 초고속 정보통신망 구축으로 3차 산업혁명이라 불리는 정보화시대에 진입했기 때문이다. 정보화시대를 이끌어가는 것은 아이디어와 컴퓨터 실력으로 무장한 신종 노동자다.

중국서 혁신적 스타트업 이끄는 골든칼라와 실리콘칼라

정보화 시대의 새로운 노동자는 블루칼라처럼 손에 기름때를 묻히지도 않고, 화이트칼라처럼 서류에 파묻혀 살지 않으면서도 더 많은 부가가치를 생산해낸다. 〈뉴욕타임스〉는 이처럼 전문 기술직에 종사하는 지식노동자를 골든칼라golden collar라고 명명했다. 이들은 디지털 지식계급digital literati을 뜻하는 '디제라티digelati'를 대표하는 노동자 유형이다.

골든칼라는 세계적인 경영학자 피터 드러커가 언급한 지식노동자 knowledge worker와도 일맥상통한다. 지식노동자는 컴퓨터 설계, 소프트웨어처럼 보이지 않는 도구로 생산에 참여하며 높은 교육수준, 전문 기술, 고액 연봉이 특징이다.

2000년을 전후로 세계적으로 벤처 열풍이 불면서 과거의 노동자는 상상할 수 없었던 소득을 올리는 더욱 고도화된 두뇌 노동자가 출현했다. 이들은 정보통신기술에 대한 탁월한 이해와 최첨단 기술, 창의적 아이디어로 창업해 거대 기업을 일구면서 세상을 바꾸고 있다. 이들을 지칭해 실리콘칼라silicon collar라고 부른다.

본래 실리콘칼라는 부정적인 의미로 쓰였다. 미국 경제학자 제러미 리프킨이 《노동의 종말》에서 블루칼라와 화이트칼라를 대체할 21세기 기계 노동자라는 의미로 만든 신조어다. 실리콘칼라는 사람이 아니다. 첨단 정보통신기술을 구현하는 핵심 물질인 실리콘규소처럼 복잡한 계산식을 순식간에 푸는 컴퓨터나 인공지능을 기계 노동자로 칭한 것이다. 24시간 일하면서 배고픔이나 피로를 느끼지 않고, 노동조합을 만들어 임금 투쟁을 하거나 불평도 하지 않아 사람 노동자를 대체할 것이라는 게 리프킨의 주장이었다.

그러나 벤처 열풍을 거치면서 실리콘칼라는 컴퓨터처럼 열심히 일하는 두뇌 노동자를 지칭하게 되었다. 요즘에는 뛰어난 컴퓨터 실력과 창의적 아이디어로 새로운 비즈니스를 만들어내는 21세기형 고급 두뇌 노동자로 의미가 확장되었다. 지식 정보화시대에 최적화된 유형이며 사업적 성공을 바탕으로 기업가 반열에 오른 사람이라 할 수 있다.

그런 유형으로 마이크로소프트를 창업한 빌 게이츠, 애플의 스티브 잡스를 비롯해 아마존의 제프 베조스, 페이스북의 마크 저커버그, 구글의 세르게이 브린 같은 인물들을 꼽는다. 이들은 엄청난 부를 거머쥐고도 티셔츠나 청바지 차림으로 일하며 일을 노동이 아니라 즐기는 대상으로 여기는 경우가 많다.

미국 실리콘밸리와 중국 선전 등에서 매일 쏟아져 나오는 혁신적인 스타트업은 골든칼라, 실리콘칼라가 이끌어간다. 미래학자들은 이들의 자유로운 활동을 보장하는 조직이 미래에 경쟁력 있는 기업이 될 것으로 예상한다. 21세기형 노동은 20세기 노동과 근본적으로 다른 차원으로 변화하고 있다.

노동의 종말인가, 경계의 해체인가?

리프킨은 노동의 미래를 매우 부정적으로 보았다. 기계와 로봇이 인간 노동을 대체해 21세기 중반에는 블루칼라가 역사에서 사라지게 될 것으로 예상했다. 18~19세기 산업혁명 이래 생산을 촉진하고 노동력을 줄이기 위해 기계와 무생물의 에너지가 사용되었다는 것이다.

그는 최초의 자동화 물결이 블루칼라에 충격을 주었다면 새로운 변화는 기업의 중간층에까지 영향을 주기 시작했다고 지적했다. 사무실은 지능 기계컴퓨터, 인공지능에 의해 혁신되고, 전문 영역과 교육 및 예술 분야까지 잠식하고 있다는 주장이다. 결국 일자리는 줄어들고 있는데 사람들이 일할 일자리가 필요한 딜레마에 접어들었고, 불평등은 심화되고 있다는 이야기다. 즉 '노동의 종말'이 다가오고 가까운 미래에 제2의 러다이트운동이 벌어질 수 있다는 게 그의 요지다.

현재 시점에서 보면 리프킨의 주장은 일면 타당해 보인다. '알파고 쇼크'처럼 인공지능과 로봇의 발전은 일자리 공포를 심화시키고 있다. 세계경제포럼WEF은 수년 내에 15개국에서 일자리 500만 개가 사라질 것으로 내다봤다.

반면 경제협력개발기구OECD는 32개 회원국 내에서 약 14% 정도의 일자리만 자동화될 수 있으며 로봇이 일자리를 대폭 잠식할 것이라는 예측은 과장이라고 분석했다. 첨단화 · 자동화가 반드시 일자리

감소를 의미하는 것인지는 확언할 수 없다.

블루칼라, 화이트칼라로만 구분되던 세상에 그레이칼라, 골든칼라, 실리콘칼라 등 새로운 유형이 끊임없이 생겨나고 있다. 노동의 종말이라기보다는 그동안 익숙했던 영역·직업·노동 방식 등의 각종 경계선이 해체되는 과정으로 보아야 할 것이다. 경제사를 돌이켜보면 생산수단의 혁신적인 변화는 일자리에 충격을 줬지만 전에 없던 일자리를 무수히 만들어냈다. 신석기시대의 바퀴혁명, 중세의 농업혁명, 근대의 산업혁명, 현대의 정보화혁명이 모두 그런 결과로 귀결되었다.

인간은 항상 변화에 적응하는 존재임을 상기할 필요가 있다. 미래에 종말이 온다는 무수한 예측이 하나라도 들어맞았다면 지금 인류는 존재하지 못했을 것이다. 정보화3차 산업혁명에 이은 4차 산업혁명은 기존 일자리의 상당 부분을 사라지게 할 것이다. 그러나 동시에 지금은 상상조차 못한 새로운 일자리를 만들어낼 것이다. 미래를 예측하는 최선의 방법은 스스로 미래를 만들어가는 것뿐이다.

초고속 시대에
느리게 살기가 가능할까?

: 속도 예찬에서 느림 예찬으로

대량생산 · 대량소비시대에는 느리면 뒤처진 것이고 게으른 것으로 치부되었다. 바쁘고 빠르게 사는 삶에 익숙할수록 시간은 더 빨리 가는 듯하다. 이런 삶에서 벗어나 '시간의 노예'이길 거부하는 시도들이 나타나고 있다. 속도만능주의에 반기를 들고 느림을 예찬하는 생활의 반란이다.

테러리스트 '유나 바머'가 던진 질문, '이대로 괜찮은가?'

1995년 9월, 미국에서 연쇄 폭발물 테러가 벌어진 뒤 언론사에 익명의 우편물이 날아들었다. '산업사회와 그 미래'라는 제목의 50쪽, 3만 5,000여 단어 분량의 선언문이었다. 동시에 미국 FBI연방수사국 국장, 주요 정치인 등도 테러 협박 편지를 받았다. 선언문의 서두는 이랬다.

"산업혁명의 결과는 인류에게 재앙이었다. 그 덕에 선진국에 살고 있는 우리의 평균 수명은 크게 늘어났지만 사회는 불안정해졌고, 삶은 무의미해졌으며, 인간의 존재는 비천해졌다. 기술이 계속 발전하면 상황은 더욱 악화될 것이다."

글의 요지는 무분별한 개발과 산업화에 반대하며 이를 막기 위한 세계적인 혁명이 실현된다면 자신의 테러 행위를 끝내겠다는 것이었다. 미국의 대표적인 언론인 〈뉴욕타임스〉와 〈워싱턴포스트〉가 FBI와 협의 끝에 테러범의 선언문을 신문에 게재했다.

미국인은 경악을 금치 못했다. 하지만 이 선언문이 17년간 오리무중이던 테러범의 꼬리를 잡는 계기가 될 줄은 아무도 몰랐다. 한 시민이 신문에 실린 글이 자기 형의 문체와 유사하다고 제보해왔다. 이를 단서로 FBI는 1996년 4월, 북부 몬태나주의 허름한 오두막에서 테러범을 체포했다.

그가 일명 '유나 바머Una Bomber'라는 전직 수학 교수 시어도어 존 카친스키또는 카진스키였다. 그가 폭발물을 보낸 곳이 주로 대학교university와 항공사airline여서 언론이 두 단어의 앞 글자에다 폭파범bomber을 붙여 지은 별명이다. 그는 1978년부터 1995년까지 총 16회의 우편물 폭탄 테러로 사망 3명, 중경상 23명의 피해를 입혔다.

기술 문명을 거부하는 반 문명

카친스키의 악행도 놀랍지만, 더욱 경악할 만한 것은 그가 엄청난 인텔리라는 점이었다. 1942년 시카고의 폴란드계 이민자 가정에서 태어난 카친스키는 IQ 167로, 어려서부터 신동 소리를 들었다. 고등 수학에 남다른 재능을 보여 하버드대와 미시간대에서 수학 박사 학위를 받고 25세의 나이로 UC버클리의 최연소 조교수로 임용되었다.

그러나 그는 2년 만에 교수직을 그만둔 뒤 몬태나주 오두막에 은둔하며 살았다. 그가 갑자기 변한 이유는 알 수 없지만, 1960~1970년대 유행했던 생태주의에 경도된 듯하다. 그는 산림 개발로 오두막이 헐릴 처지가 되자 1978년부터 테러를 감행했다. 기소된 카친스키는 무기형을 선고받고 지금도 복역 중이다.

카친스키와 같은 사고방식은 갑자기 나타난 것이 아니다. 역사적으로 기술 문명에 대한 다양한 형태의 반反문명, 또는 문명을 거부하는 세계관이 계승되었다. 이는 현생 인류가 대부분의 기간을 광포한 자연에 순응하고, 때로는 투쟁하며 살아온 경험과 연관이 있다. 자연을 영적 존재로 여기고, 그 힘을 경외하는 자연정령주의는 원시종교의 공통된 현상이다. 태양, 달, 바다, 산, 강, 나무, 바위 등을 숭배한 것이다.

농경시대에도 '어머니 자연Mother Nature'이 선사하는 농산물로 사람이 살아간다고 여겼다. 산신제, 지신굿, 해신제나 *고수레 등이 그 산물이다. 자연의 영혼, 정령, 신령 등의 존재를 숭배하는 애니미즘animism은 현대 종교에도 그 흔적이 남아 있다.

> **고수레**
>
> 음식을 먹기 전에 조금 떼어 허공에 던지며 '고수레' 하고 외치는 민간 신앙 행위다. 자신에게 복을 주는 신에게 존경의 뜻을 나타내는데, 고수레를 하지 않고 먹으면 체하거나 탈이 난다고 믿기도 한다.

바쁜 현대인들의 느림 예찬

문명의 발전은 속도와 비례했다. 걷거나 뛰던 인간이 말을 길들인 뒤에는 평균 시속 20km로 빨라졌다. 증기기관차는 19세기 말에 속도를 시속 60km까지 높였다. 20세기에는 자동차 덕분에 누구나 시속 100km 이상 이동할 수 있게 되었다. 초고속 열차는 시속 300~400km로 달리고, 비행기는 음속시속 1,234km을 넘었다.

고대인이나 현대인이나 하루가 24시간인 것은 똑같다. 따라서 속도가 빨라진 만큼 사람들은 시간을 절약할 수 있게 되었다. 조선시대에 과거를 보러 한양까지 한두 달씩 걸어갔지만, 지금은 전국 어디나 자동차로 4~5시간이면 도착한다. 전기를 이용하면서 밤까지 활동 영역이 확장되었다.

쓸 수 있는 시간이 엄청나게 늘어났음에도 현대인은 늘 '바쁘다 바빠'를 외친다. 자동차가 느리게 가면 못 견디고, 승강기에 타는 순간 닫힘 버튼을 누르기 바쁘며, 식당에 가서는 음식 나오는 차례가 늦어지면 짜증부터 난다. 예전에는 연애편지를 보내 놓고 답장을 기다리며 수시로 우체통을 열어보던 설렘이 있었지만, 이제는 톡으로 실시간 반응이 와야 직성이 풀린다.

대량생산 · 대량소비시대에는 느리면 뒤처진 것이고 게으른 것으로 치부되었다. 바쁘고 빠르게 사는 삶에 익숙할수록 시간은 더 빨리 가는 듯하다. 하지만 이런 삶에서 벗어나 '시간의 노예'이길 거부하는 시도가 끊임없이 나타나고 있다. 속도 만능주의에 반기를 들고 느림을 예찬하는 생활의 반란이다.

속도, 효율, 능률 등 빠른 삶 대신 느린 삶을 추구하는 움직임을 '슬로 라이프slow life'라고 부른다. 이런 개념은 진작부터 있었지만, 문화인류학자 겸 환경운동가인 한국계 일본인 쓰지 신이치가《슬로 라이프》에서 느림의 미학을 체계적으로 정리하며 제안했다. 걷기, 슬로 푸드, 방랑, 농사, 어울림 등 자연에 순응하며 소박하고 느긋하게 살자는 것이다.

슬로라이프의 원조 격이 이탈리아 피에몬테주의 한 마을에서 시작된 슬로푸드slow food운동이다1986. 슬로푸드운동은 맥도날드가 로마에 진출하자 패스트푸드와는 반대로 이탈리아의 전통 재료와 조리법으로 건강한 음식을 먹자는 취지의 '안티맥도날드운동'으로 출발했다. 국제슬로푸드본부도 결성되었다1989.

1999년 이탈리아 토스카나주 그레베 인 키안티에서는 '치따슬로cittaslow', 즉 '슬로시티slow city 운동'이 시작되었다. 슬로시티는 달팽이 로고가 상징하듯 느리게 살기로 요약된다. 지역민이 중심이 되어 전통과 자연 생태를 보존하고, 지속가능한 삶과 발전을 추구하는 공동체를 만들자는 운동이다.

국제슬로시티운동본부에 따르면 2017년 기준 세계 30개국 241개 도시가 슬로시티로 지정되어 있다. 우리나라도 13곳이 국제슬로시티로 인증받았다. 전남 신안군 증도, 완도군 청산도, 담양군 악양면, 전북 전주시 한옥마을, 경남 하동군 창평면, 경북 상주시 함창읍 · 이안면 · 공검면, 청송군 부동면 · 파천면, 영양군 석보면, 충남 예산군 대흥면, 태안군 소원면, 충북 제천시 수산면, 경기 남양주시 조안면, 강원 영월군 김삿갓면 등이다.

슬로시티의 철학은 성장보다 성숙, 삶의 양보다 삶의 질, 속도보다 깊이와 품위를 존중하는 것이다. 느림의 기술은 3S, 즉 느림Slow, 작음Small, 지속성Sustainable에 둔다. 그렇다고 무조건 시계를 거꾸로 돌리자는 것은 아니다. 빠름과 느림, 농촌과 도시, 로컬과 글로벌, 아날로

그와 디지털 간의 조화로운 삶의 리듬을 지키자는 취지다. 우리나라에서는 이러한 개념이 전원생활로 이해되고 있다.

쓰지 신이치는 웰빙과 슬로라이프를 확실히 구분했다. 그에 따르면 웰빙은 대량소비 생활 방식을 포기하지 않으면서 느리게 살겠다는 '덧셈의 발상'이지만, 슬로라이프는 조금 불편해도 지속가능한 삶을 위해 기존 혜택을 과감히 포기하는 '뺄셈의 발상'이라고 한다.

천천히 그러나 더 훌륭히

슬로라이프는 오늘날 다양한 형태로 변주되고 있다. 1990년대 미국에서는 '슬로비족Slobbie族'이 등장해 관심을 모았다. 슬로비는 '천천히 그러나 더 훌륭하게 일하는 사람Slow But Better Working People'을 가리킨다.

1980년대 미국 사회에서 주목받은 것이 신흥 부유층인 여피Yuppie 세대로 도시에 거주하며 전문직에 종사하는 젊은층을 가리킨다. 그러나 1990년대 이후에는 물질보다는 마음을, 출세보다는 자녀를 중시하며 느긋하게 사는 슬로비족이 두드러진다. 미국 하원의장이자 공화당의 차기 대통령 후보감인 폴 라이언이 가족과 지낼 시간이 필요하다며 48세에 정계 은퇴를 선언한 것이 그런 사례다.

최근에는 우리나라에서도 북유럽식 '휘게 라이프Hygge life'에 대한 관심이 높아졌다. 휘게는 노르웨이어로 편안함 따뜻함 안락함을 뜻하는 명사다. 가족이나 친구들과 함께, 또는 혼자서 보내는 소박하고 여유로운 시간, 일상의 소소한 즐거움, 안락함에서 오는 행복 등을 누리는 삶을 가리킨다. 영국 콜린스사전이 선정한 '올해의 단어'에서 브렉시트영국의 EU 탈퇴 다음으로 많이 사용된 단어가 휘게였다고 한다2016.

이밖에도 국내에서는 일상이나 소비생활에서 '소확행작지만 확실한 행복' '욜로YOLO, You only live once' 등의 용어가 유행했다. 지금 이 순간, 나의 행복을 가장 중시하는 태도다. 한 번뿐인 자신의 삶을 미래나 남을 위해 희생하지 않겠다는 것이다. 집단 속의 '나'에서 자신을 자각하는 개인주의의 탄생이라 할 만하다.

Part 07

자원과 과학기술의
경제 세계사

연금술은
미신일까, 과학일까?

: 황금과 영생에 대한 인류의 집착

금은 시간이 흘러도 땅에 묻혀 있어도 물에 잠겨 있어도 변하지 않는다. 공기와 물은 물론이고, 웬만한 화학 시약에 노출되도 부식되지 않고 특유의 광택을 유지한다. 하지만 금은 교환가치는 높아도 사용가치는 거의 없다. 프랑스 물리학자 겸 화학자 에티엔 조프루아는 황금을 "빈곤을 해결할 가장 강력한 해독제라는 점만 빼면 물리학에서 가장 쓸모없는 금속"이라고 했다. 그럼에도 인류는 수시로 황금에 눈이 멀었다.

해리 포터와 연금술, '현자의 돌'을 찾다

조앤 K. 롤링의 〈해리 포터〉 시리즈[1~7]편는 1997년에 출간된 이래 20년간 세계 67개의 언어로 총 4억 5,000만 부가 팔렸다. 시리즈물 사상 세계 최대의 베스트셀러. 지금도 여전히 팔린다. 해리 포터 시리즈는 어른이 읽어도 흥미진진하다. 알고 보면 더 재미있다. 등장인물이나 에피소드, 상황 설정 등은 단순히 작가가 공상해서 만든 게 아니다. 영국에서 내려오는 전설, 북유럽 신화와 고대·중세의 연금술, 고딕소설, 모험담 등이 작품에 두루 녹아 있다. 롤링은 톨킨이 쓴 소설《반지의 제왕》의 광팬으로, 책이 닳도록 읽었다고 한다.

〈해리 포터〉 시리즈를 이해하려면 연금술錬金術을 빼놓을 수 없다. 1편 부제인 '현자의 돌마법사의 돌'은 연금술의 상징과도 같기 때문이다. 현자의 돌이란 용어는 4세기에 그리스 테베의 조시모스가 처음 언급한 것으로 전해진다. 1편에 등장하는 니콜라 플라멜은 덤블도어와 함께 현자의 돌을 추출하는 데 성공해 영생을 누린 인물로 언급된다. 그렇다면 대체 연금술은 무엇이고 현자의 돌은 또 뭘까?

연금술은 근대과학이 정립되기 이전 단계의 과학과 철학적 시도를 총칭하는 것이다. BC 2000년경 고대 이집트에서 불과 금속을 다룬 '불의 사제'가 그 유래다. 이들의 솜씨는 파라오 투탕카멘의 황금

마스크 같은 화려한 이집트 장식물에서 보듯 수준이 대단히 높았다.

이집트의 연금술은 메소포타미아와 그리스로 전파되었다. 고대 연금술사들은 기술의 신神인 이집트의 토트와 그리스의 헤르메스를 숭배했다. 연금술은 6세기 동로마제국을 거쳐 8세기 이슬람권에 전해졌다. 이슬람의 오랜 지배를 받은 스페인과 시칠리아, 십자군원정 등을 통해 연금술은 중세 유럽에도 전파되었다.

연금술은 특히 아랍에서 비약적으로 발달했다. 우마이야 왕조 때 이슬람권 최초의 연금술사로 꼽히는 칼리드 왕자는 연금술 연구를 위해 왕위조차 거부했을 만큼 아랍은 연금술에 관심이 많았다. 아랍의 연금술은 근대화학의 밑거름이 되었다. 연금술을 뜻하는 'alchemy'와 연금술사 'alchemist'는 아랍어 'al kymiya알 키미야'에서 왔다. 화학 'chemistry'의 어원도 아랍어다. 근대 과학혁명 과정에서 17세기 로버트 보일1627~1691은 연금술에서 화학을 분리한 '화학의 아버지'로 꼽힌다.

연금술은 화금석化金石, 즉 현자의 돌을 찾는 과정이었다. 명칭은 돌이지만 실제로 돌은 아니고 가상의 물질, 물질화된 정신, 연금술의 전체 과정이 응축된 기술의 산물로 간주되었다. 즉, 자신은 변치 않으면서 다른 물질을 변환시키는 화학적 촉매를 가리켰다. 연금술의 상징이 자신을 태우면서 영속하는 존재인 불사조다. 〈해리 포터〉에도 불사조가 등장한다.

"만들어 낼 수 없는 것을 약속하는 자들"

연금술사는 흔히 철, 납 등 값싼 금속을 금金으로 바꾸려는 기이한 사람들로 알려졌다. 금에 대한 인류의 집착을 대변하는 집단이기도 하다. 오늘날의 관점에서는 미신이나 마술에 가깝지만, 근대과학이 등장하기 전까지 연금술사는 폭넓고 깊이 있는 지식의 탐구자였다. 그들은 스스로를 철학자賢者라고 자부했다. 연금술의 궁극적인 목적은 인간 사회의 계몽이었다.

연금술사에게 세상이 대우주라면 인간은 소우주였다. 인간이 곧 신이고, 광물도 자체의 생명이 있으며, 창조의 비밀을 성찰하면 모든 것을 발견할 수 있다고 여겼다. 고대 그리스 철학자 데모크리토스의 원자론, 피타고라스의 명제, 아리스토텔레스의 원소론 등과도 통한다.

연금술사는 우주의 운행, 생로병사의 근원에 대한 지적인 힘, 인간 육체의 불멸 가능성, 느낄 수 없지만 거역할 수 없는 질서에 따라 움직이는 세상 등을 신봉했다. 화학, 물리학, 약학, 금속학, 점성술, 기호학, 신비주의 등을 거대한 힘, 창조자 신의 일부로 이해했다.

중국, 인도 등 동양에서도 독자적으로 연금술을 연구했다. 동양의 연금술은 병을 고치고, 늙지 않고, 식물을 생장시키는 만능 치료제인, 생명수와 신비의 명약을 찾는 데 주력했다. 진시황의 불로초로 만든 불로신단도 연금술의 일종이었다.

그러나 시대가 흐르면서 연금술은 점차 비밀스러운 기술로 변질

되었다. 특히 가톨릭 수도사들이 연금술에 빠져들자 교황 요한 22세는 "만들어낼 수 없는 것을 약속하는 자들"이라며 모조 금 제조와 판매를 금지시켰다[1317]. 하지만 1453년 콘스탄티노폴리스 함락으로 비잔티움의 학자들이 대거 유럽으로 유입되자 연금술의 확산을 막을 수 없었다. 15세기에 유럽은 각국의 궁정마다 연금술사, 천문학자 등을 유숙시키며 연구에 몰두하게 했다.

중세와 근대의 대표적인 연금술사는 니콜라 플라멜Nicolas Flamel과 생 제르맹Saint Germain 백작이다. 플라멜은 14세기에 프랑스의 작가이자 필사본 판매상이었다. 전설에 따르면 그가 현자의 돌을 만들어 아내와 함께 17세기까지 살았다고 전해진다. 그러나 플라멜의 전설은 17세기 이후에 만들어진 것으로 알려졌다.

생 제르맹은 현자의 돌과 불로장생의 묘약을 만들었다는 수수께끼 같은 인물이다. 지구상의 모든 지식을 갖고 세계 각국 언어에 능통했으며 사람들 앞에서 납을 금으로 바꿨다고 한다. 그는 최후의 연금술사로 불린다.

황금에 대한 집착과 권력

금은 교환가치는 높아도 사용가치는 거의 없다. 프랑스 물리학자 겸 화학자 에티엔 조프루아는 황금을 "빈곤을 해결할 가장 강력한 해독제라는 점만 빼면 물리학에서 가장 쓸모없는 금속"이라고 했다. 그럼에도 인류는 수시로 황금에 눈이 멀었다. 연금술사들이 후대로 갈수록 금을 만드는 데 집착했듯이 금은 역사상 무수한 신화와 전설, 사건을 만들어냈다.

그리스신화에는 영웅 이아손이 50명의 용사를 모아 아르고 원정대를 조직해 흑해 연안의 콜키스로 황금 양털을 찾아간다는 이야기가 있다. 이아손의 모험에는 헤라클레스를 비롯해 악녀 메데이아, 두 바위가 맞부딪히는 심플레가데스해협, 아름다운 노래로 선원들을 유혹하는 세이렌 등이 두루 등장한다. 황금과 인간의 탐욕, 온갖 고난 등이 얽히고설킨 대서사시다. 실제로 콜키스 지역에서는 사금이 나와 황금 양털이 사금 채취에 대한 비유라고 해석하는 학자도 있다. 또한 이집트 파라오의 황금 마스크, 마야와 잉카제국의 황금 사원, 신대륙의 황금 도시 엘도라도, 금광을 찾아 몰려간 골드러시 등 금에 얽힌 이야기는 끝이 없다.

귀하디귀한 금은 동서양에서 공히 권력 그 자체였다. 파라오는 황금의 힘에 의존했고, 중국 황제를 나타내는 색은 황금색이다. 불상도 완전함의 상징으로 금박을 입혔다. 토머스 모어가 쓴 《유토피아》에서는 사람들이 황금으로 귀중품이 아닌 화장실 변기를 만들었다고 기술한다. 스페인 정복자들은 1520~1660년 중남미 식민지에서 $200t$에 달하는 금을 반출했다고 한다.

인류는 왜 이토록 금에 집착했을까? 그 이유는 금이 지닌 영속성에 있다. 로마시대의 학자 플리니우스는 "황금은 불에 타도 아무 것도 변하지 않는 유일한 금속"이라고 했다. 실제로 금은 시간이 흘러도 땅에 묻혀 있어도 물에 잠겨 있어도 변하지 않는다. 공기와 물은 물론이고, 웬만한 화학 시약에 노출되도 부식되지 않고 특유의 광택을 유지한다.

금의 영속성과 완전성에 비유해 황금시대Golden Age, *황금분할golden section, *황금률golden rule, 중용golden mean 등 이상적인 상태를 가리키는 용어가 생겨났다. 세계 최초의 화폐도 BC 7세기 리디아왕국지금의 터키 지역에서 만든 금화였다.

황금이 권력과 직결된 사례로 〈반지의 제왕〉의 절대 반지가 있다. 황금으로 만든 절대 반지를 끼는 사람은 권력을 갖고 자기 몸을 순간 이동할 수도 있다. 호빗족 프로도와 괴물 골룸은 인간이 지닌 선과 악, 절제와 탐욕의 양면성을 보여준다. 이 절대 반지 이야기는 중세 독일의 서사시 〈니벨룽의 노래〉와 매우 흡사하다. 소인족 알베리히가 라인강 밑바닥에 있는 금으로 황금 반지를 만들고, 이 반지를 얻는 자가 세상을 지배할 것이라고 했다. 그러나 불의 신에게 반지를 빼앗기자 알베리히는

황금분할

조화와 미적 효과가 최대화되는 비율, 즉 1대 1.618을 가리킨다. 황금비라고도 하며 고대 그리스에서 발견되었다. 직사각형의 가로와 세로 두 변의 비율이 황금분할일 때 가장 안정적인 모양으로 간주되었다. 건축, 조각, 회화는 물론 자연에서도 세포의 성장, 나뭇잎, 종자, 조개껍데기의 소용돌이 등이 황금비율로 나타난다.

황금률

3세기 로마 황제 세베루스 알렉산데르가 "무엇이든지 남에게 대접받고자 하는 대로 너희도 남을 대접하라"는 예수의 가르침을 금으로 써서 거실 벽에 붙인 것에서 유래한 말이다.

반지 소유자가 파멸할 것이라고 저주를 내렸다. 황금 반지를 탐하는 인간 군상, 반지의 힘 등은 〈반지의 제왕〉을 연상시킨다. 이 서사시를 토대로 바그너는 골드러시가 시작된 1848년부터 26년 걸쳐 가극 〈니벨룽의 반지〉를 작곡했다.

그러나 황금으로 만든 절대 반지는 '니벨룽의 반지' 이전에 이미 존재했다. 고대 리디아왕국의 목동 기게스는 우연히 동굴 속에서 마법 반지를 발견했는데, 손가락에 끼고 돌리면 투명인간이 되는 것을 알게 되었다. 그는 왕궁으로 들어가 마법 반지를 이용해 왕을 암살하고 스스로 왕위에 오른다. 플라톤의 《국가》 2권에 나오는 가공의 마법반지 이야기다.

이렇듯 황금으로 만든 절대 반지는 권력이면서 동시에 탐욕의 상징으로 그려진다. 동서양과 시공을 초월해 황금에 대한 사람들의 관점을 반영한 것이다. 황금 때문에 전쟁, 신대륙 탐험, 골드러시, 식민지 건설, 원주민 학살 등 무수한 사건이 일어났다.

17~18세기의 유럽 절대왕정 시대에는 국가의 부를 왕실의 금 보유량으로 여긴 중상주의중금주의가 성행했다. 19~20세기 초, 통화 제도였던 금본위제도 역시 변치 않는 금을 통해 화폐가치를 유지한다는 점에서 같은 맥락이다. 인류에게 금은 여전히 변치 않는 부富이자, 권력이다.

인류가 가장 오래도록
사용한 금속은?

: 구리가 최고의 금속인 이유

구리는 약 7000여 년의 문명사에서 가장 널리 쓰인 실용적인 금속이다. 이런 특성 덕에 시간이 흐를수록 더욱 광범위하게 사용되었다. 무른 금속인 구리는 주로 합금으로 이용했다. 구리에 주석을 섞으면 청동이지만 아연을 섞으면 황동이 되고 니켈과 합금하면 백동이 된다. 가장 보편적인 청동은 로마시대에 고급 기와의 재질이었다. 청동 기와는 비바람과 햇볕에 강해 판테온 같은 거대한 건축물의 지붕을 장식했고 난간과 문짝에도 장착되었다.

자유의 여신상 감싼 푸른 녹청, 반영구적 보존 가능해

미국 뉴욕 허드슨강 어귀의 리버티섬은 영화 〈신비한 동물사전〉에서 주인공 에디 레드메인이 가방을 들고 입국 수속을 기다리던 곳이다. '아메리칸 드림'을 안고 미국에 도착한 이민자들이 가장 먼저 볼 수 있었던 것이 바로 '자유의 여신상Statue of Liberty'이다. 프랑스가 미국 독립 100주년을 기념해 제작 계획을 수립하고 10년 뒤인 1886년 미국에 선물한 것이다. 정식 명칭은 '세계를 비추는 자유Liberty Enlightening the World'다.

이 거대한 여신상은 높이 46m, 무게는 225t에 이른다. 받침대47.5m까지 합치면 높이가 93.5m이고, 손가락 하나가 2.44m에 달할 만큼 거대한 규모다. 7개의 뿔이 달린 왕관은 7대륙을 상징한다. 오른손에는 세계를 비추는 자유의 횃불을, 왼손에는 미국의 독립선언서를 들고 있다. 내부에는 전망대와 박물관도 있다.

프랑스 조각가 프레데릭 바르톨디가 제작했고, 내부 철골 구조물은 에펠탑 설계자인 구스타브 에펠이 설계했다. 1884년 완성되어 잠시 파리에 서 있다가 이듬해 배로 옮겨져 1886년 현재 위치에 세워졌다. 에펠은 미국으로 옮길 때 여신상을 350개의 조각으로 분해해 재조립하기도 했다.

여신상의 받침대는 미국에서 만들었다. 이를 위해 모금 활동을 벌였으나 지지부진하자 언론인 조지프 퓰리처(그의 유산 50만 달러로 1917년 언론 최고상인 퓰리처상 제정)가 신문 사설을 통해 기부에 소극적인 상류층과 팔짱만 끼고 있는 중산층을 비판했다. 퓰리처의 여론 조성 덕에 기부가 활발해져 1885년 받침대가 완성되었다. 이를 계기로 미국 사회에 기부문화가 확산할 수 있었다.

자유의 여신상은 페인트칠을 하지 않았는데도 푸른빛을 띠고 있다. 주철 조형물에 구리銅를 덧씌웠기 때문이다. 구리에 끼는 청록색 녹을 녹청綠靑, verdigris이라고 한다. 공기 중의 수분과 이산화탄소의 작용으로 구리 표면에 푸른 피막이 형성된 것이다. 녹청의 화학 성분은 염기성 탄산구리, 또는 산화구리다.

녹청이 끼면 더 이상 산화가 진행되지 않아 반영구적으로 보존된다. 박물관에 가 보면 철기시대 유물은 형체가 훼손될 만큼 녹이 슨 반면, 청동기 유물은 비교적 원형이 보존되어 있는 까닭이다. 유럽의 바로크 양식 건물이나 일본 메이지신궁의 지붕에서도 녹청을 볼 수 있다. 우리나라의 국회의사당 돔도 녹청으로 푸른빛을 띤다.

'아이스맨 외치'가 지닌 무기는 구리로 만든 도끼

고대부터 인류가 사용해온 7가지 금속은 구리, 납, 은, 금, 주석, 철,

수은이다. 바로 이 순서대로 금속의 성질을 알게 되었다. 인류의 탄생 이래 200만 년 이상을 석기시대에서 벗어나지 못했다. 그러다 BC 5000년께 최초로 이용한 금속이 바로 구리다.

구리는 지구에 8번째로 많이 존재하는 금속원소다. 지표면에서 발견되는 자연동自然銅은 가공이 용이해 예부터 중동과 유럽 일대에서 사용하기 시작했다. 원시시대에는 석기가 기본 도구였지만, 무기와 장신구 등에는 동기銅器를 사용했다.

석기와 동기를 함께 쓴 시대를 금석병용기Chalcolithic Age, 또는 동기시대Copper Age라고 한다. 시기적으로는 BC 5000~BC 3200년으로, 석기시대와 청동기시대의 중간 과도기다. 그 증거가 1991년 해발 3,200m의 알프스 빙하지대에서 발견된 BC 3300년경 선사시대 남자의 냉동 미라였다. 오스트리아 외치계곡에서 발견되어 '아이스맨 외치Oetzi the Iceman'라는 이름이 붙었다.

아이스맨과 함께 발견된 물품은 고고학계의 흥분을 불러일으켰다. 아이스맨은 이탈리아에서 나는 부싯돌과 간석기 단검, 돌 화살촉, 곰 가죽, 60cm 자루에 달린 순수한 구리로 만든 도끼를 지녔다. 구리 도끼는 무기이자 벌목용으로 추정되었다. 이런 도구를 들고 구리와 사냥감이 많은 알프스를 올라갔다.

한편 BC 3000년경 구리를 제련하는 야금술冶金術이 메소포타미아 인더스 등 주요 문명 지역에 등장해 다른 지역으로 퍼져나갔다. 특히 구리와 주석을 합금한 청동기는 순수 구리보다 훨씬 단단하면서 쓸

모가 많았다. 금석병용기에서 청동기시대Bronze Age로 넘어간 것이다.

구리원자기호 Cu를 가리키는 코퍼copper는 로마시대의 주된 구리 생산지가 키프로스섬인 데서 유래했다. '키프로스의 금속'이란 뜻의 '쿠프룸cuprum'이 어원이다. 청동을 뜻하는 브론즈bronze 역시 로마시대의 청동 생산지이자 무역항인 브룬디시움Brundisium, 현재 브린디시에서 따왔다.

채굴된 구리를 주석과 섞어 청동기를 만들려면 다른 부족과의 교역이 필수였다. 구리 산지와 주석 산지가 멀리 떨어져 서로 거래가 없으면 섞을 수 없었기 때문이다. 청동기는 전혀 만난 적이 없는 집단 간의 교류를 나타내는 증거이기도 하다.

주석 산지는 지금도 제한적이다. 말레이시아, 영국 콘월 등지가 주석 산지로 유명하지만 그 옛날에 이렇게 멀리 주석을 구하러 가는 것은 불가능했다. 주석은 터키반도, 크레타 등지에서 소량 생산되었기에 귀한 물품일 수밖에 없었다.

그래서 고대 해양 민족 페니키아인이 지중해를 누빈 이유 중 하나가 주석을 구하는 것이었다. 주석을 구할 수 없는 지역에서는 석기시대가 이어지다가 곧바로 철기시대로 넘어간 경우도 적지 않다.

청동기는 '채굴→제련→교역'이란 복잡한 과정의 산물이었다. 따라서 부족 공동체 내에 전문 기술자가 등장하고, 생산 소유권 상거래 등에 의한 계급 분화도 본격화했다. 왕이나 황제가 자원 배분을 통제하는 고도의 중앙집권 사회가 청동기시대의 특징이다. BC 2000년

~BC 1000년의 초기 철기시대에 청동무기는 연철軟鐵로 만든 무기보다 강도가 높아 강철이 등장하기 전까지 사용되었다.

구리에 주석 · 아연 · 니켈 섞으면 청동 · 황동 · 백동으로

구리가 인류 최초의 금속이면서 최고의 금속이 된 것은 쉽게 구부리거나 펼 수 있고연성, 자를 수 있으며가단성, 열과 전기를 전하는 성질전도성도 뛰어나기 때문이다. 부식되지 않고내부식성, 항균 및 살균 효과도 있다. 게다가 구리의 붉은 빛은 황금에 견줄 만큼 귀하게 여겨졌다.

구리는 약 7000여 년의 문명사에서 가장 널리 쓰인 실용적인 금속이다. 이런 특성 덕에 구리는 시간이 흐를수록 더욱 광범위하게 사용되었다. 무른 금속인 구리는 주로 합금해서 이용했다. 구리에 주석을 섞으면 청동靑銅이지만 아연을 섞으면 황동黃銅이 되고 니켈과 합금하면 백동白銅이 된다.

가장 보편적인 청동은 로마시대의 고급 기와 재질이었다. 청동 기와는 비바람과 햇볕에 강해 판테온 같은 거대 건축물의 지붕을 장식했고 난간과 문짝에도 장착되었다. 그래서 영국이 런던 대화재 직후 재건 계획을 세울 때 세인트폴성당에 청동 기와를 씌우는 방안을 강구하기도 했다1666.

브라스brass로 불리는 황동은 청동과 달리 황금색을 띤다. 금관악기로 구성된 브라스밴드의 번쩍거리는 악기들을 연상하면 된다. 우리나라의 놋그릇, 놋수저나 옛 10원짜리 동전이 황동이다. 놋그릇에 밥을 담아 두면 구리의 살균 작용으로 밥이 잘 쉬지 않는다.

번쩍거리는 황동은 그리스신화에서 만지는 것마다 황금으로 변했다는 미다스 왕 전설을 낳았다. 미다스는 BC 700년께 소아시아터키 프리기아의 왕으로 전해진다. 프리기아는 황동을 처음 주조한 지역이다. 이곳에서 번쩍이는 황동을 목격한 그리스인들이 그런 전설을 만든 것으로 추정된다.

백동cupro-nickel은 니켈 함량에 따라 쓰임새가 다양하다. 니켈이 25% 들어간 백동은 매우 단단해 미국의 니켈25센트 동전이나 우리나라 100원, 500원 동전의 재료로 쓰인다. 예전에 흔했던 양은洋銀 냄비를 백동으로 만들었다. 이외에도 포탄의 띠, 콘덴서, 금속공예 등에도 사용된다.

구리의 내耐부식성(부식에 저항하는 성질)은 배를 만들 때 필수였다. 고대의 목선은 가장 큰 문제가 바닷물에 의해 나무가 썩거나 배 밑바닥에 따개비, 홍합 등이 붙어 나무를 갉아먹는 것이었다. 그래서 배 밑바닥에 구리를 씌워 이런 문제를 해소했다.

또한 19세기에 전기가 본격적으로 도입되자 구리는 전선의 필수 재료로 각광받았다. 구리는 펴거나 얇게 늘려 가공하기 쉽고, 전도성이 은銀 다음으로 높기 때문이다.

1976년 발생한 재향군인병病은 구리의 용도를 더욱 확장시켰다.

미국 필라델피아에서 열린 재향군인대회 참석자들 사이에서 집단 발병해 34명이나 사망한 일이 있었다. 원인은 냉방장치의 냉각수에 서식하는 레지오넬라균 때문으로 밝혀졌다. 이를 계기로 에어컨 배관, 수도관 등을 항균 효과가 있는 동 파이프로 대체했다. 사람 손을 많이 타는 동전, 문 손잡이, 난간 등은 대개 구리로 만든다.

군수품에도 구리가 없어서는 곤란하다. 총알만 해도 화약을 제외한 나머지는 대부분 구리로 되어 있다. 항공기, 군함 등에 장착되는 레이더와 각종 전자 장비도 구리가 필수다. 충전 배터리가 장착되는 전기 자동차는 기존 자동차의 수십 배에 달하는 구리가 소요된다.

이렇다 보니 구리의 국제가격은 세계경제와 긴밀한 상관관계를 가질 수밖에 없다. 구리 수요가 늘어 가격이 오르면 경기 호황 징후로, 가격이 떨어지면 경기 침체 징후로 해석된다. 때문에 국제 원자재 시장에서는 '구리 박사'라는 뜻의 '닥터 코퍼Dr. Copper'라는 신조어가 생겨났다. 실물경제 판단 지표로 유용한 구리를 경제 전문가처럼 의인화한 것이다. 청동기시대는 수천년 전에 끝났지만, 우리는 여전히 '구리 시대Copper Age'에 살고 있는 셈이다.

자원은 축복일까,
재앙일까?

: 산유국의 좋은 예와 나쁜 예

산유국일수록 독재국가가 많다. 베네수엘라는 산유국임에도 빈곤율이 70%에 달하고 물가 폭등 · 정국 불안 · 생활필수품 부족 · 치안 부재 등으로 사실상 국가 기능을 상실한 상태다.

물론 오일머니를 흥청망청 쓰지 않고 경제발전과 빈부격차 해소 등에 쓰는 모범 국가도 있다. 노르웨이는 세계 7위 석유 수출국이지만 다른 산유국들과 달리 오일머니로 국부펀드를 만들어 자원 고갈 이후를 대비하고 있다. 노르웨이의 국부펀드 규모는 1조 달러에 육박한다.

'검은 황금' 석유, 땅속 채굴로 대량 공급 가능해지다

역청瀝靑은 요즘 말로 아스팔트나 타르를 가리키지만, 고대에는 석유탄화수소 화합물를 통칭하던 말이다. 천연 아스팔트, 석유, 천연가스 등을 포괄한다. 고대인들은 역청을 죽은 고래의 피나 유황이 농축된 이슬로 보았다. 시커멓고 먹을 수도 없는 데다 냄새가 심해 기피 대상이었다. 더구나 역청은 액체, 고체, 기체로 모양을 바꿔가며 사람을 현혹시키는 마법의 물질로도 인식되었다.

고대 전쟁에서 역청은 화공火攻을 펼치는 전략무기이기도 했다. 특히 동로마제국의 '그리스의 불Greek Fire'은 역청으로 만든 최종 병기로 유명했다. '그리스의 불' 제조법은 제국의 일급 기밀이어서 오늘날에는 전해지지 않는다. 그러나 BC 850년경 아시리아에서 유황, 기름, 역청을 혼합한 '나프타'에 불을 붙여 화공을 펼쳤다는 기록이 있다. 이 기술이 그리스를 거쳐 로마에 전파된 것으로 보인다.

석유가 널리 알려진 것은 근대에 등불 연료로 쓰이면서다. 그러나 석유를 그대로 태우면 매캐한 연기와 냄새가 났고, 별로 밝지도 않았다. 때문에 등불은 주로 고래기름이나 아마씨기름을 썼다. 석유의 불순물을 제거하고 증류하면 연료용으로 적합하다는 생각은 17세기에도 있었지만, 현실화된 것은 19세기에 이르러서였다.

1858년 에드윈 드레이크가 미국 펜실베이니아주에서 조명용 연료를 구하기 위해 땅을 굴착하다 석유를 발견했다. 드레이크는 최초의 유정油井 굴착자로 이름을 남겼다. 지표면에 고여 있는 역청을 이용하던 수준에서 땅속 채굴을 통해 대량 공급이 가능해진 것이다.

20세기 자동차 시대를 연 오일러시

드레이크의 채굴 목적은 등불용 연료를 찾는 것이었다. 석유를 정제해 나온 등유는 등불용으로 적합해 19세기 후반 세계에 널리 보급되었다. 캘리포니아, 텍사스 등 유전이 발견되는 곳마다 사람들이 몰려가는 '오일 러시oil rush'가 일어났다. 이후에 석유를 골드러시 시대의 황금에 빗대 '검은 황금black gold'이라고 부르게 되었다.

초기 석유 산업은 등유를 추출하고 남은 검고 끈적끈적한 부산물의 용도를 찾지 못해 태워버리는 수준이었다. 석유가 등불을 밝히는 정도에 그쳤다면 석유 시장은 지금처럼 커지지 못했을 것이다. 정제 기술이 발달하면서 등유를 뺀 부산물에서 휘발유, 중유, 경유 등을 추출해냈다. 이것이 2차 산업혁명의 에너지 혁명을 가져왔다.

값싼 에너지가 공급되면서 이를 활용한 기계 발명이 이어졌다. 1885년 독일의 카를 벤츠와 고틀리프 다임러가 거의 동시에 휘발유로 작동하는 내연기관을 장착한 자동차를 발명했다. 벤츠와 다임러는 1926년 합병해 다임러벤츠가 되었다. 1897년에는 루돌프 디젤이 디젤엔진을 개발해 특허를 냈다. 디젤엔진은 휘발유 엔진에 비해 연비가 높고 저렴해 경유디젤가 트럭, 선박의 주된 연료로 자리잡았다.

하지만 1900년까지도 휘발유 자동차는 비주류였다. 그해 미국에서 생산된 자동차 4,192대 가운데 증기자동차 1,681대, 전기자동차 1,575대였고, 나머지 936대만 휘발유 자동차였다. 그러나 증기기관차는 거대한 석탄 저장고를 달고 다녀야 해서 지나치게 무거웠고, 물을 자주 공급해야 하는 단점이 있었다. 전기자동차는 느리고 힘이 약해 언덕을 오르지 못하는 수준이었다. 휘발유 자동차는 기계 구조가 복잡해 고장이 잦았지만, 힘이 좋고 장거리를 달릴 수 있는 장점을 지녔다.

1908년 헨리 포드가 가볍고 힘이 좋은 저가 승용차 '모델T'를 개발해 대량으로 보급하자 1924년까지 누적판매 1,000만 대를 돌파했다. 이로써 본격적인 자동차 시대가 열렸다.

1·2차 세계대전은 석유 붐을 더욱 가속화했다. 전차, 항공기, 트럭 등 모든 군수물자가 석유로 움직였기 때문이다. 전쟁 과정에서 개량된 기술은 석유의 지배력을 더욱 높였다. 19세기가 석탄의 시대였다면 20세기는 곧 석유의 시대였다.

스탠더드오일에서 석유 메이저로

'석유왕'으로 불린 존 데이비슨 록펠러1839~1937는 1860년대에 블루오션이던 석유 사업에 진출해 돈을 벌었다. 그는 소규모 채굴업자로부터 싸게 사들인 원유를 정제해 팔아 축적한 자본으로 1870년 스탠더드오일을 설립했다.

록펠러는 경쟁을 피하기 위해 1882년 34개 석유회사를 한데 묶어 '스탠더드오일트러스트'를 결성했다. 각 회사들은 형식상 독립기업이지만, 실제로는 록펠러가 도맡아 운영하고 수익을 배분하는 연합기업 형태였다. 석유정제, 송유관, 운송까지 장악한 트러스트는 석유 가격을 대폭 낮춰 석유정제 시장의 90%, 석유 제품 운송의 80%를 장악했다. 록펠러는 미국 최고의 부자가 되었고, 중국에까지 등유를 수출했다.

트러스트가 시장을 좌우하면서 이에 속하지 않은 경쟁자들은 속속 도산했다. 하지만 록펠러의 지배력에 비례해 반감도 커져갔다. 급기야 1887년에는 반독점 소송이 제기되었고, 1890년에는 반독점 셔먼법이 제정되었다. 24년간 기나긴 소송 끝에 1911년 미국 연방대법원은 경쟁 제한 의도가 있다며 트러스트의 해체를 명령했다.

스탠더드오일트러스트는 7개 지역 회사로 쪼개졌다. 뉴저지주의 엑손과 뉴욕주의 모빌은 분할 후에도 1, 2위를 유지했다. 두 회사는 1999년 합병해 세계 최대 석유회사인 엑손모빌이 되었다. 캘리포니아주의 소칼은 1939년 셰브론으로 개명한 뒤 켄터키주의 키소를 흡수했다.

1940년대 들어 일명 '일곱 자매seven sisters'로 불리는 석유 메이저의 시대가 시작되었다. 일곱 자매는 엑손, 모빌, 소칼 등 스탠더드오일 계열 3개사를 비롯해 20세기 초 텍사스 유전 발견 이후 급성장한 걸프, 텍사코와 영국 브리티시페트롤리엄BP, 영국·네덜란드 합작 로열더치셸 등이다.

BP와 로열더치셸은 1차 세계대전을 전후로 미국이 아닌 다른 지역에서 석유를 찾았다. BP는 1908년 페르시아이란에서 처음 석유 시추에 성공했다. 로열더치셸은 러시아 카스피해에서 원유를 개발했고, 이를 운반하기 위한 유조선도 만들었다. 석유 메이저는 마치 자매들처럼 때로는 경쟁하고, 때로는 제휴하면서 1970년대까지 세계 석유시장을 지배했다.

1970년대에 오일쇼크 이후 석유 메이저의 위상은 크게 축소되었다. 대신 산유국마다 국영 석유회사를 세워 시장을 주도했다. 사우디아라비아 아람코, 중국 페트로차이나, 러시아 가스프롬, 이란 국영 이란오일, 브라질 페트로브라스, 베네수엘라 PDVSA, 말레이시아 페트로나스 등 산유국 국영회사를 '신新 일곱자매'라고 부른다. 이 가운데 중국, 러시아, 브라질, 말레이시아는 석유수출기구OPEC 회원국이 아니다.

2000년대 들어서는 미국이 지하 2,000m의 셰일shale, 혈암층에서 셰일 오일과 셰일 가스를 채굴하기 시작하면서 시장 판도가 바뀌었다.

원유 가격은 배럴당 40~70달러대를 맴돌고, OPEC의 영향력은 위축되었다. 이제 국제 석유 시장은 투기나 정치 요인이 아니라 수요와 공급에 의해 유가가 결정되는 정상 시장으로 변모하고 있다.

'악마의 배설물'이 잉태한 석유 독재

아랍권과 이스라엘 간 4차 중동전쟁을 기화로 1973년 1차 오일쇼크가 터졌다. 아랍 산유국들이 자원민족주의를 내세워 유가를 배럴당 3달러에서 11.6달러로 인상했다. 거기다 1979년 주요 산유국인 이란에서 이슬람혁명이 발생하며 2차 오일쇼크가 벌어졌다. 배럴당 10달러 안팎이던 유가가 단숨에 30달러까지 치솟았다.

10년도 안 되어 10배로 뛴 유가로 인해 세계는 극심한 경기 침체에다 물가까지 뛰는 스태그플레이션에 빠졌다. 그 배경에는 1960년 출범한 OPEC이 있었다. OPEC은 석유 공급과잉으로 인한 석유 메이저의 가격 인하를 막기 위해 결정된 국제기구다. OPEC 회원국은 석유 산업을 국유화하고 가격을 인상함으로써 막대한 오일머니를 재정자금으로 확보했다.

OPEC 설립을 주도한 베네수엘라의 전前 석유장관 페레스 알폰소1903~1979는 오일쇼크가 한창이던 1975년 막대한 오일머니가 쏟아져 들어오자 '석유는 악마의 배설물devil's excrement'이며 국가의 파멸을 가져오게 될 것이라고 했다. 그의 예상은 맞아떨어졌다. 산유국들은 넘치는 오일달러로 교육과 의료 등 모든 것을 공짜로 퍼주었다. 그러자 국민들의 근로 의욕은 실종되고, 석유 외에 다른 산업기반은 제대로 육성되지 못했다. 석유를 둘러싼 쿠데타와 정변도 빈발했다.

산유국일수록 독재국가가 많은데, 이를 '석유 독재petro-dictatorship'라고 부른다. 대표적인 사례가 바로 베네수엘라다. 산유국임에도 빈곤율이 70%에 달하고 물가 폭등·정국 불안·생필품 부족·치안 부재 등으로 사실상 국가 기능을 상실한 상태다. 2010년대 초반 배럴당 120달러까지 치솟은 유가가 40~70달러대로 떨어지면서 재정이 바닥나고 경제 시스템도 붕괴했다. 이처럼 석유가 '악마의 배설물'로 작용하는 것은 '자원의 저주resource curse'의 한 단면이다. 자원 부국일수록 자원 의존도가 높아 다른 산업과 기술이 발붙이기 어렵고 빈부 격차가 극심해지는 게 보통이다.

하지만 오일머니를 흥청망청 쓰지 않고 경제발전과 빈부격차 해소 등에 쓰는 모범 국가도 있다. 노르웨이는 세계 7위 석유 수출국이지만, 다른 산유국과 달리 오일머니로 국부펀드인 정부연기금GPFG을 만들어 자원 고갈 이후에 대비하고 있다.

노르웨이의 국부펀드 규모는 1조 달러에 육박한다. 500만 명 남짓한 국민 1인당 약 2억 원씩 돌아가는 셈이다. 이처럼 자원을 이용해 경제발전과 사회 안정을 도모한다면 이는 '자원의 축복resource blessing'이다.

과학에도
경제원리가 작용할까?

: 근대 과학혁명의 토대가 된 '오컴의 면도날'

오컴의 면도날은 '단순한 것이 최선'이라는 점에서 사고 절약의 원칙·경제성의 원칙이라고도 부른다. 길을 갈 때 구불구불 돌아가는 것보다 직선으로 가는 게 빠른 것처럼 인류가 오랜 기간 축적한 경험 법칙을 논리 철학에 적용한 것이다. 오컴의 면도날은 코페르니쿠스 이후 과학자들의 기본 사고방식으로 각인되어 근대 과학혁명의 토대가 되었다.

합리적 의심과 논리적 사고의 연장선, '오컴의 면도날'

코페르니쿠스1473~1543는 폴란드 출신 천문학자 겸 가톨릭 사제였는데, 평생 지동설을 연구했다. 코페르니쿠스가 살던 시대에는 망원경이 변변치 않아서 육안으로 천체를 관찰하는 데 한계가 있었다. 따라서 그의 지동설은 과학적으로 입증된 게 아니라 직관적인 철학에 가까웠고, 허점도 많았다. 하지만 그가 지동설에 도달한 과정은 칸트가 훗날 '코페르니쿠스의 전환'이라고 명명했듯이 근대과학의 출발점이 되었다.

코페르니쿠스가 천동설에 의심을 품은 것은 지구를 우주 중심에 두면 금성, 화성 등의 궤도가 찌그러지고 오락가락하는 모순이 생겼기 때문이다. 이는 행성이 원을 그리며 회전한다는 원리에 위배되었다. 코페르니쿠스는 이 문제를 기본 전제를 180도 뒤집어 해결했다. 즉, 우주의 중심에 지구 대신 태양을 둔 것이었다. 태양이 고정되어 있고 행성들이 그 주위를 도는 것으로 계산해본 결과 천동설의 모순이 명쾌하게 해소되었다.

'코페르니쿠스의 전환'은 갑자기 하늘에서 떨어진 것은 아니었다. 14세기부터 서서히 형성된 합리적 의심과 논리적 사고의 연장선이었다. 그 단초가 된 추론법이 바로 '오컴의 면도날Occam's Razor'이다.

오컴의 면도날은 14세기에 영국의 논리학자였던 오컴William of Occam, 1285~1349이 신학 논쟁에서 펼친 논리 전개방식에서 유래했다. 어떤 현상을 설명하는 두 개의 주장이 있다면 간단한 쪽이 최선에 가깝다는 의미다.

오컴의 면도날은 '단순한 것이 최선'이라는 점에서 사고 절약의 원칙·경제성의 원칙이라고도 부른다. 길을 구불구불 돌아가는 것보다 직선으로 가는 게 빠른 것처럼, 인류가 오랜 기간 축적한 경험 법칙을 논리철학에 적용한 것이다. 고르디우스의 매듭, 쾌도난마 등과도 일맥상통한다.

윌리엄은 신학 논쟁 당시 어떤 현상의 인과관계를 설정할 때 불필요한 가정을 면도날로 잘라내라고 자주 주장했다고 한다. 각각의 가정은 실현되지 않을 확률도 내재되어 있어 가정이 많을수록 추론의 타당성이 떨어진다는 것이다. 그러나 오컴의 면도날은 불필요한 가정, 가설, 전제 등을 제거하는 추론 방식일 뿐 진실과 거짓을 판단하는 근거는 아니다. 단순하다고 무조건 진리는 아니라는 이야기다.

오컴의 면도날은 코페르니쿠스 이후 과학자의 기본 사고방식으로 각인되어 근대 과학혁명의 토대가 되었다. 프랜시스 베이컨1561~1626 등 영국 경험론자에게도 큰 영향을 미쳤다. 그런 점에서 지동설은 합리성·객관성·현실성 등 과학적 사고의 시초라고 할 만하다.

근대로 넘어가는 출발점은 종교개혁 아닌 과학혁명

영국 케임브리지대의 허버트 버터필드 교수는《근대과학의 기원》에서 16~17세기 과학 발전을 18~19세기 산업혁명에 빗대 *'과학혁명Scientific Revolution'이라고 명명했다. 유럽이 근대로 진입한 결정적 요인은 르네상스나 종교개혁이 아니라 과학혁명이라는 게 버터필드의 요지였다.

패러다임 개념을 주창한 토머스 쿤은《과학혁명의 구조》에서 한 시대를 이끌어가는 '정상 과학'이 더 이상 현상을 설명할 수 없을 때 '과학의 위기'가 발생하며 새로운 표준이나 모형이 정상 과학이 되어 기존 정상 과학을 대체한다고 보았다. 과학은 점진적으로 발전하는 것이 아니며 아리스토텔레스와 뉴턴 사이에 숱한 과학적 단절이 있었다는 것이다.

과학혁명은 대개 코페르니쿠스의《천체의 회전에 대하여》부터 아이작 뉴턴의《자연철학의 수학적 원리》까지로 본다. 그 사이에 케플러, 갈릴레이, 로버트 보일 등이 '근대과학의 아버지'로 이름을 남겼다. 그 이후에도 많은 발견이 이어졌지만, 이 150년간의 변화만큼 두드러지지는 않았다.

16~17세기에는 과학혁명이 일어날 토양이 마련되어 있었다. 그

> **과학혁명**
>
> 단어의 첫 알파벳을 대문자로 쓰면 16~17세기에 유럽에서 일어난 독특한 현상인 과학혁명을 가리킨다. 그러나 이를 소문자로 쓰면 시대와 지역에 관계없이 일어나는 불연속적인 과학적 인식체계(패러다임)의 전환을 가리킨다.

배경으로 꼽을 수 있는 것이 첫째, 1440년대 구텐베르크의 활판인쇄술 발명이다. 제지기술에 인쇄술이 더해져 지식의 축적과 전파에 결정적으로 기여했다. 중세에 수도사들이 귀하고 비싼 양피지에 일일이 손으로 필사했던 것과 견주어 보면 그 차이를 실감할 수 있다. 인쇄술 덕에 과학 연구와 기술이 개인 영역을 넘어 빠르게 확산되었다. 학문의 깊이와 폭을 더했고, 문맹도 급격히 줄었다. 활자로 인쇄된 성서가 널리 보급되면서 16세기 초에는 종교개혁을 촉발시켰다. 이는 신에 예속되었던 인간이 스스로를 자각하는 전기가 되었다.

둘째, 14~15세기 르네상스시대에 인간과 자연에 대한 예술가와 기술자들의 연구가 축적되어 있었다. 중세를 거치며 1000년간 잠자던 고대 그리스·로마의 다양한 저작들이 발굴되고, 전파되면서 교회에서 전해들은 것과는 판이한 세계가 있다는 사실을 깨닫게 된 것이다.

셋째, 대항해시대가 열리면서 광범위한 과학적 수요가 생겨났다. 드넓은 바다를 항해하려면 나침반뿐 아니라 보다 정밀한 천문학과 수학적 지식이 필수였다. 또한 신대륙 발견 이후 '콜럼버스의 교환'이 일어나면서 다양한 동식물과 질병 등에 대한 연구도 필요했다. 이같은 수요는 중세의 과학으로는 충족할 수 없는 수준이었다.

과학혁명의 또 다른 배경으로는 같은 시기에 형성된 근대 철학을 빼놓을 수 없다. 영국의 경험철학자 프랜시스 베이컨은 참다운 지식에 도달하는 것을 막는 편견을 4가지 우상으로 제시했다. 종족의 우상, 동굴의 우상, 시장의 우상, 극장의 우상인데 이 우상으로부터 벗어나는 방법으로 실험과 귀납적 접근법을 제시했다. 이는 '아는 것이 힘'이라는 말에 함축되어 있다.

프랑스의 합리주의 철학자 르네 데카르트[1596~1650]는 가설과 연역법을 제시했다. 그는 명징성을 확보한 명제로부터 체계적인 의심을 거쳐 절대적으로 확실한 지식을 얻고자 했다. "나는 생각한다, 고로 존재한다"라는 명제는 연역법을 함축하고 있다. 이런 접근법은 18세기 계몽주의로 이어졌다. 계몽주의는 철학적 사변이 아니라 합리적 · 경험적 지식을 중시했다. 디드로, 달랑베르, 볼테르 등의 '백과전서파'가 그 중심이었다.

과학혁명은 프랑스혁명처럼 특정일을 기점으로 일어나거나 일상의 극적인 변화를 가져온 것은 아니었다. 산업혁명처럼 시간이 흐르고 보니 엄청나게 달라졌음을 뒤늦게 깨닫는 점진적인 변화였다. 놀라운 발견이 하나하나 축적되면서 세상을 바꾸고, 새로운 과학기술을 잉태하고, 사람들의 생각까지 바꿨다. 과학혁명이 없었다면 산업혁명도 불가능했을 것이다.

'넘사벽' 인공지능이
사람처럼 할 수 없는 것은?

: AI 포비아를 극복하는 방법

알파고는 딥러닝의 산물이다. 과거의 무수한 바둑 기보를 찾아보고 이기는 전략을 학습했다. 확률적으로 이기는 데 가장 유리한 수를 순식간에 계산해 냈다. 인간이 이런 인공지능을 이기는 것은 사실상 불가능하다. 이세돌과 알파고의 대결은 처음부터 인간에게 불리한 게임이었다. 일상에서 머신러닝과 딥러닝은 자동 번역 · 얼굴 인식 · 음성 인식 · 스팸메일 식별 · 유전자 분석 · 질병 진단 · 경로 탐색 · 무인 자동차 등에 널리 응용되고 있다.

기계가 인간을 이겼다

옛 소련의 프로 체스선수 가리 키모비치 카스파로프1963~는 1985년 세계 챔피언에 올라 2000년까지 최강자로 군림했다. 그런 카스파로프에게 1989년 도전자가 나타났다. 도전자는 인간이 아니라 미국 IBM이 만든 슈퍼컴퓨터 '딥소트Deep Thought'였다. 그러나 카스파로프가 두 판을 모두 이겼다. 기계가 인간 영역인 체스에서 인간을 이기기 어렵다는 게 세상의 반응이었다.

IBM은 7년이 흐른 1996년 딥소트를 향상한 '딥블루Deep Blue'로 다시 도전해왔다. 여섯 판을 겨뤄 3승 2무 1패로 카스파로프가 또 이겼다. 카스파로프는 비록 한 판을 지긴 했지만, 그래도 인간의 우위를 새삼 확인시켰다. 그러나 이듬해 5월, 재대결에서 충격적인 결과가 빚어졌다. 카스파로프가 1승 3무 2패로 딥블루에게 무릎을 꿇은 것이다. 이후 몇 차례 대결에서 기계가 계속 이기자 '인간 대 기계'의 체스 대결은 세상의 관심에서 멀어졌다. 다만 프랑스 작가 베르나르 베르베르가 이 대결을 모티프로 베스트셀러 소설《뇌》를 썼다.

한동안 잊혔던 '생각하는 기계'가 2011년 다시 세계의 이목을 끌었다. 딥블루의 후손격인 5세대 인공지능 슈퍼컴퓨터 '왓슨Watson'이 미국 TV 유명 퀴즈쇼 〈제퍼디Jeopardy!〉에서 인간 챔피언 두 명과 겨룬 것이다. 한 명은 74회 연속 우승 기록 보유자였고, 다른 한 명은 최대 상금 획득자였다. 왓슨은 사람이 말하는 자연어의 소리와 의미를 이해했고, 단어의 뉘앙스까지 정확히 파악해 여유 있게 우승했다. 인간보다 똑똑한 기계가 등장한 것이다. 왓슨이란 명칭은 IMB 창업자 겸 초대 회장인 토머스 왓슨1874~1956의 이름을 딴 것이다.

2016년 3월, 또 한 번 세기의 대결이 서울에서 열렸다. 이번에는 바둑이었다. 바둑은 체스와는 비교할 수 없는 천문학적인 경우의 수와 변화무쌍한 흐름, 예측할 수 없는 변수가 존재해 아무리 뛰어난 슈퍼컴퓨터도 인간을 이길 수 없다는 게 그때까지의 상식이었다. 그러나 결과는 모두가 기억하듯 인공지능의 승리였다. 구글이 6억 달러에 사들인 영국 벤처기업 딥마인드가 개발한 '알파고AlphaGo'가 이세돌 9단을 4승 1패로 압도했다. 이세돌이 한 판을 이긴 것조차 알파고가 봐준 것 아니냐는 논란이 벌어졌을 만큼 충격이 컸다.

이제 기계가 넘보지 못할 인간의 영역은 없고, 인간의 일자리를 기계가 대체할 것이라는 암울한 전망이 쏟아졌다. 앞으로 어떻게 살아가야 할까, 기계의 노예가 되는 것은 아닐까, 일자리가 사라진 미래의 삶은 어떨까? 온갖 비관적인 질문과 잿빛 전망이 꼬리에 꼬리를 물었다.

PC에서 인공지능으로, 기계에는 어려운 인간의 일

'인공지능AI, artificial intelligence'이라는 용어가 처음 등장한 것은 1956년 미국 다트머스대에서 열린 콘퍼런스에서였다. 이 세미나에 참석했던 MIT의 수학자 마빈 민스키는 "앞으로 10년 안에 평균 수준의 인간 지능을 가진 기계가 등장할 것"이라고 자신했다. 그러나 연구 성과는 지지부진했고, 인간의 사고원리와 컴퓨터의 작동방식이 다르다는 점만 확인했다. 주어진 정보로 '계산하는 기계컴퓨터'를 넘어 '생각하는 기계인공지능'로 점프하는 것은 결코 쉬운 일이 아니었다. 인간에게 쉬운 일이 기계에는 어렵다는 *'모라벡의 역설'이 AI에도 예외일 수 없었다.

하지만 1980년대 이후 여건이 달라지기 시작했다. 수백 *kg*에 달하는 초대형 컴퓨터 대신 작고 저렴한 소형 컴퓨터 시대가 도래했다. 1977년 애플의 소형 컴퓨터 '애플II', 1981년 IBM의 'IBM PC 5150'이 그 첨병이었다. 1982년 〈타임스〉는 '올해의 기계'로 개인용 컴퓨터PC를 선정했다. 오늘날 100만 원도 안 되는 PC는 1980년대에 200억 원짜리 슈퍼컴퓨터보다 성능

모라벡의 역설

1970년대에 미국 로봇공학자 한스 모라벡이 '어려운 일은 쉽고, 쉬운 일은 어렵다'라는 말로 기계와 인간의 능력 차이를 역설적으로 표현한 개념이다.

인간에게 걷고, 보고, 듣고, 느끼고, 소통하는 것은 쉽지만 복잡한 계산, 정밀 작업 등은 무척 어렵다. 컴퓨터나 기계는 그 반대다. AI도 마찬가지다.

모라벡은 이런 차이가 진화에서 비롯되었다고 보았다. 인간과 동물이 수백만 년 동안 진화 과정을 거치면서 익힌 감각 기능, 운동 능력을 기계로 재현하는 것이 쉽지 않다는 것이다.

이 우수하다. 이와 함께 1980년대에 인간 두뇌의 사고 체계를 분석한 신경망neural net 이론이 등장했다. 1990년대에는 방대한 정보를 저장하고 활용할 수 있는 인터넷망이 구축됐다. 독립되고 분산된 컴퓨터가 상호 연결되어 과거에는 상상하지 못할 시너지를 낼 환경이 만들어진 것이다.

2000년대에 들어 인공지능의 비약적 발전은 멀티미디어 게임과 연관이 있다. 화려한 화면을 연출하려면 수백만 화소를 순식간에 계산하는 GPU그래픽 처리 장치가 필요한데, 이 칩이 PC에 추가되어 게임 대중화와 GPU 가격 하락을 가져왔다. 스탠퍼드대 앤드루 응 교수 연구팀은 이런 GPU에서 인간 신경조직처럼 병렬 신경망이 가동된다는 점을 발견했다2009. 그들은 2012년 구글과 함께 1,000만 개의 유튜브 동영상에서 고양이 이미지를 74.8%의 정확도로 식별하는 프로젝트에 성공했다. 이를 위해 1만 6,000대의 컴퓨터를 연결해 연산 능력을 극대화했다.

이 프로젝트는 인공지능의 획기적인 전기가 됐다. 컴퓨터의 머신러닝machine learning, 기계학습이 딥러닝deep learning, 심층학습으로 고도화한 것이다. 머신러닝은 컴퓨터가 방대한 데이터를 분석해 동일한 패턴을 인식하는 능력을 갖추는 과정을 통칭한다. 머신러닝의 일종인 딥러닝은 여기서 한발 더 나아가 인공지능이 스스로 학습하고 답할 수 있게 하는 알고리즘이다. 머신러닝이 고양이 찾는 방법을 가르친 것이라면 딥러닝은 고양이 찾는 방법을 스스로 배우게끔 가르치는 것이다.

알파고 역시 딥러닝의 산물이다. 과거의 무수한 바둑 기보를 찾아보고 이기는 전략을 학습했다. 확률적으로 이기는 데 가장 유리한 수를 순식간에 계산해냈다. 인간이 이런 인공지능을 이기는 것은 사실상 불가능하다. 이세돌과 알파고의 대결은 처음부터 인간에게 불리한 게임이었다. 일상에서 머신러닝과 딥러닝은 자동 번역·얼굴 인식·음성 인식·스팸메일 식별·유전자 분석·질병 진단·경로 탐색·무인 자동차 등에 널리 응용되고 있다. 요즘 유행하는 AI 스피커도 음성 인식과 정보 검색이 결합한 것이다.

2017년 10월, 구글 딥마인드는 딥러닝보다 더 발전한 '강화학습 reinforcement learning'으로 훈련한 '알파고 제로'를 발표했다. 강화학습은 인공지능 훈련에 방해가 될 수 있는 인간의 선입견이나 잘못된 지식을 원천 배제하고, 인공지능이 스스로 수많은 시행착오를 통해 학습하게 하는 알고리즘이다. 알파고 제로는 72시간 독학으로 490만 판의 바둑을 둔 뒤, 알파고와 겨뤄 100전 100승을 거뒀다. 또한 세계 랭킹 1위였던 중국 커제 9단을 3대 0으로 이긴 '알파고 마스터'(40일간 2,900만 판으로 학습)에도 89승 11패로 압도했다. 알파고 제로는 인공지능 학습의 비용과 시간을 더욱 줄였고, 스스로 바둑 이치를 깨우치고 새로운 정석까지 개발했다. 바둑에만 국한해 보면 '넘사벽'인 셈이다.

의사가 된 '왓슨', 암 진단 정확도가 94.6%

놀랄 만한 능력의 AI는 그 모습부터 기괴하게 느껴질 수 있다. 퀴즈쇼에서 우승할 때의 왓슨은 방에 냉장고 10대를 세워 놓은 규모였다. 90개에 달하는 'IBM 파워 750' 서버로 연결되고, 질문에 응답하는 2,880개의 '파워7' 코어프로세서가 작동하며 16테라16조바이트 램ram을 이용했다. 이를 통해 왓슨은 백과사전, 어학사전, 참고문헌, 위키피디아 등 2억 페이지에 달하는 데이터를 활용했다. 1초에 책 100만 권 분량의 정보를 이해하고 분석하는 수준이다. 알파고도 1,200개의 컴퓨터가 연결된 병렬 시스템이었다.

왓슨은 퀴즈쇼 이후 의학 분야에서 두드러지게 활약하고 있다. '왓슨포온콜로지Watson for Oncology'로 명명된 이 인공지능은 전문의보다 암 진단 정확도가 훨씬 높다. 미국종양학회에 따르면 전문의의 암 진단율 정확도는 약 80%인데, 왓슨은 대장암 98%, 방광암 91%, 췌장암 94%, 자궁경부암은 100%를 기록했다. 특히 폐암은 전문의의 진단율이 50%인 반면 왓슨은 90%에 이른다.

이렇듯 암 진단 정확도가 높은 것은 왓슨이 300여 종의 의학저널, 200여 종의 의학 교과서, 1,500만 페이지의 전문 정보를 습득하고 세계적으로 하루 122건씩 발표되는 암 관련 논문을 실시간 수집해 활용하기 때문이다. 환자 정보를 입력하면 빅데이터를 통해 가장 확률이 높은 치료법을 제시하는 것이다. 인간은 이렇게 방대한 정보를 습득하는 게 불가능하다. 때문에 미국은 물론 국내에서도 10여 곳의 병원이 왓슨을 도입했거나 도입할 예정이다. 손정의 일본 소프트뱅크 창업자도 왓슨을 이용해 개인 맞춤형 건강 관리 서비스를 추진하고 있다. 구글도 AI를 질병 진단 분야에 활용하고 있다.

여기서 인공지능의 긍정적인 미래상을 찾아볼 수 있다. 인공지능이 의사, 변호사 같은 전문직 일자리까지 위협한다고 우려하지만 거꾸로 의사들이 인공지능을 활용해 더 나은 치료법을 찾아낼 수 있다. 왓슨은 은행의 대출 심사, 고객 맞춤 서비스에도 활용되고 있다. 왓슨이 의사를 도와주는 것처럼 판사, 변호사, 교사, 조종사, 소믈리에, 행정 공무원을 돕는 AI도 얼마든지 가능하다.

체스 챔피언 카스파로프가 AI에 진 뒤 체스의 인기가 시들해진 것이 아니다. 대회 수와 프로선수는 오히려 더 늘었다. 카스파로프는 1998년 인간과 컴퓨터가 한 팀이 되어 체스를 겨루는 새로운 방식의 '켄타우로스'를 만들었다. 인간과 AI의 협업을 그리스신화 속 반인반마半人反馬에 비유한 것이다. 2005년에는 AI 활용에 제한이 없는 프리스타일 체스대회가 생겨났다. 2014년 체스 대회에서 AI가 42승을 올렸지만, 켄타우로스는 53승을 올렸다. 체스 챔피언은 AI가 아니라 인간과 AI의 연합인 켄타우로스다.

우수한 인공지능도 사람처럼 할 수 없는 것

사람들은 인공지능을 막연히 불안해한다. 자연이 아닌 인공 산물에 대한 본능적 거부 심리겠지만, 미래를 암울한 디스토피아로 그린 할리우드 영화의 영향이 크다. 특히 〈2001 스페이스 오디세이〉의 슈퍼컴퓨터 HAL 9000, 〈터미네이터〉의 스카이넷, 〈매트릭스〉의 가상 현실을 만들어내는 시스템이 그런 사례다. 스스로 판단하고 인간을 공격하기까지 하는 강력한 AI는 공포 그 자체다. 이런 영화를 수억 명이 본 데다 AI가 바둑 고수 이세돌을 이긴 것이 더해져 AI포비아공포증가 적지 않다.

인공지능은 인류의 적이 될 존재일까? 인공지능은 '약한weak AI'와 '강한strong AI'로 나뉜다. AI는 공학적으로 '문제를 푸는 기능'을 의미한다. 그런 점에서 약한 AI는 인간이 제시한 특정 영역의 문제를 푸는 수준이고, 강한 AI는 영역을 특정하지 않아도 어떤 문제든 해결할 수 있는 수준을 가리킨다. 왓슨과 알파고는 특정 분야에 최적화된 약한 AI에 속한다. 인간처럼 생각하고 어떤 의도를 갖고 판단해 결정하는 존재가 아니다. 주어진 질문에 대해 가능한 답을 정교하게 비교해 빠른 시간 안에 자동으로 찾아낸다. 반면 강한 AI는 영화 속 AI처럼 스스로 판단하고 결정할 수 있다.

그렇다면 강한 AI는 언제 실현될까? 미래학자 레이 커즈와일은 AI가 인간 지능을 뛰어넘는 기점, 즉 '특이점singularity'을 2045년께로 예상했다. 이것이 50년·100년 뒤가 될지 이보다 앞당겨질지 현재로서는 알 수 없다. 지금의 AI는 쥐의 지능을 구현하는 수준이다. 인간의 지능을 구현하는 것은 여전히 요원하다.

그러나 데이터가 많아지고, 처리 속도가 빨라지고, 알고리즘이 정교해질수록 인공지능은 더 빨리 똑똑해진다. 빅데이터와 클라우드 컴퓨팅 환경은 딥러닝을 더욱 가속화할 것이다. 인공지능은 검색 엔진을 통해 지구상에 있는 모든 특정 분야의 정보를 수집할 수 있는 단계에 이르렀다. 매일 수십억 건의 구글 검색은 인류 모두가 AI를 딥러닝시키고 있는 셈이다. 순다르 피차이 구글 CEO는 "AI를 검색, 유튜브, 구글플레이에도 적용하고 있다. 2026년이 되면 구글의 주력 상품은 검색이 아니라 AI가 될 것이다"라고 말했다.

미래에 기계가 대체할 수 없는 인간의 고유 영역을 찾는 것은 점점 무의미해지고 있다. 인공지능으로 대체하지 못할 직업을 찾을 게 아니라 인공지능을 이용해 더 잘할 수 있는 직업을 찾는 게 현명하다. 한 가지 일을 잘하는 것은 컴퓨터, 산업용 로봇, 왓슨 같은 기계가 더 낫다.

인공지능이 아무리 우수해도 사람처럼 할 수 없는 것이 있다. 그것은 상상하는 힘이다. 미국 경제학자 줄리언 사이먼은 "세계 발전을 촉진하는 주된 연료는 지적 자산이고, 제동장치는 상상력 부족이다"라고 말했다. 막연한 불안감을 극복하고, 인간 고유의 영역을 넘나드는 기계를 활용하는 미래의 모습을 상상해보는 건 어떨까?

참고 문헌

강대국의 흥망(2판) 폴 케네디, 이왈수 외 역, 한국경제신문, 1997

경제로 읽는 교양 세계사 오형규, 글담, 2016

경제사상사 여행 민경국 21세기북스, 2014

경제사 속 세계사 김동욱 글항아리, 2015

경제사 오디세이 최영순, 부키, 2002

경제학, 인문의 경계를 넘나들다 오형규, 한국문학사, 2013

광물, 역사를 바꾸다 에릭 샬린, 서종기 역, 예경, 2013

국가는 왜 실패하는가 대런 애쓰모글루 외 1인, 최완규 역, 시공사, 2012

국가의 부와 빈곤 데이비드 S. 랜즈, 안진환 · 최소영 역, 한국경제신문, 2009

그해 역사가 바뀌다 주경철, 21세기북스, 2017

근대로의 길 박지향, 세창출판사, 2017

금융으로 본 세계사 천위루 · 양천, 하진이 역, 시그마북스, 2014

김서형의 빅히스토리 Fe연대기 김서형, 동아시아, 2017

누들 크리스토프 나이트하르트, 박계수 역, 시공사, 2007

누들 로드 이욱정, 예담, 2009

대항해시대 주경철, 서울대학교출판부, 2008

데카메론 조반니 보카치오, 한형곤 역, 동서문화사, 2016

도시로 읽는 세계사 크리스토퍼 허버트, 한은경 역, 미래M&B, 2002

돈과 인간의 역사 클라우스 뮐러, 김대웅 역, 이마고, 2004

돈의 발명 알렉산드로 마르초 마뇨, 김희정 역, 책세상, 2015

로마 멸망 이후의 지중해 세계 상 · 하 시오노 나나미, 김석희 역, 한길사, 2009

로마인 이야기7 시오노 나나미, 김석희 역, 한길사, 1998

로마제국 쾌락의 역사 레이 로렌스, 최기철 역, 미래의창, 2011

매혹과 잔혹의 커피사 마크 펜더그라스트, 정미나 역, 을유문화사, 2013

맥주 장 루이 스파르몽 외 2인, 김주경 역, 창해, 2000

맬서스, 산업혁명 그리고 이해할 수 없는 신세계 그레고리 클라크, 이은주 역, 한스미디어, 2009

메디치 효과 프란스 조핸슨, 김종식 역, 세종서적, 2015

메세나와 상상력 나주리 외 4인, 서울대학교출판부, 2017

모험과 교류의 문명사 주경철, 산처럼, 2015

문명의 씨앗, 음식의 역사 찰스 B. 헤이저 2세, 장동현 역, 가람기획, 2000

바다의 도시 이야기 상 · 하 시오노 나나미, 한길사, 2002

바이블 맵 닉 페이지, 김성웅 역, 포이에마, 2009

법으로 읽는 유럽사 한동일, 글항아리, 2018

부의 탄생 윌리엄 번스타인, 김현구 역, 시아, 2017

비즈니스의 탄생 조승연, 더난출판, 2008

성경과 고대전쟁 조병호, 국제성경통독원, 2011

성경과 고대정치 조병호, 국제성경통독원, 2011

성서 공동번역, 대한성서공회, 1977

성서와 사회문제 위거찬, 지민, 2011

세금전쟁 하노 벡 외 1인, 이지윤 역, 재승출판, 2016

세계 경제를 바꾼 사건들 50 권혁철 외 4인, 북앤피플, 2015

세계 무역의 역사 필립 D. 커틴, 김병순 역, 모티브북, 2007

세계사를 움직이는 다섯 가지 힘 사이토 다카시, 홍성민 역, 뜨인돌, 2009

세계사에서 경제를 배우다 최연수, 살림출판사, 2015

세상의 모든 전략은 전쟁에서 탄생했다 임용한, 교보문고, 2012

스파이스 잭 터너, 정서진 역, 따비, 2012

시빌라이제이션 니얼 퍼거슨, 구세희 · 김정희 역, 21세기북스, 2011

식탁 밑의 경제학 사카키바라 에이스케, 유주현 역, 이콘, 2007

어떻게 세계는 서양이 주도하게 되었는가 로버트 B. 마르크스, 윤영호 역, 사이, 2014

역사에서 경영을 만나다 이재규, 사과나무, 2008

역사와 배 루츠 붕크, 안성찬 역, 해냄, 2006

역사 한 잔 하실까요? 톰 스탠디지, 차재호 역, 세종서적, 2006

올 어바웃 커피 윌리엄 H. 우커스, 박보경 역, 세상의 아침, 2012

원소의 세계사 휴 앨더시 윌리엄스, 김정혜 역, 알에이치코리아, 2013

유럽의 음식 문화 맛시모 몬타나리, 주경철 역, 새물결, 2001

음식, 그 상식을 뒤엎은 역사 쓰지하라 야스오, 이정환 역, 창해, 2002

음식의 언어 댄 주래프스키, 김병화 역, 어크로스, 2015

인류 역사에 담긴 음식문화 이야기 린다 시비텔로, 최정희 외 2인 역, 린, 2017

인에비터블 : 미래의 정체 케빈 켈리, 이한음 역, 청림출판, 2017

인플레이션 하노 벡 외 2인, 강영옥 역, 다산북스. 2017

전쟁과 무기의 세계사 이내주, 채륜서, 2017

제2의 기계 시대 에릭 브린욜프슨 외 1인, 이한음 역, 청림출판, 2014

종횡무진 서양사 1 · 2 남경태, 휴머니스트, 2015

중세의 예술과 사회 조르주 뒤비, 김웅권 역, 동문선, 2005

총, 균, 쇠 재레드 다이아몬드, 문학사상, 2005

콜럼버스의 교환 황상익, 을유문화사, 2014

페니키아에서 핀 그리스 로마 김문환, 지성사, 2014

하룻밤에 읽는 숨겨진 세계사 미야자키 마사카츠, 오근영 역, 랜덤하우스코리아, 2010

화폐전쟁 1 쑹훙빙, 차혜정 역, 랜덤하우스코리아, 2008

환경은 세계사를 어떻게 바꾸었는가 이시 히로유키 외 2인, 이하준 역, 경당, 2003

흐름으로 읽는 자본주의의 역사 안재욱, 프리이코노믹스북스, 2015

히스토리아 주경철, 산처럼, 2008

보이는 경제 세계사

초판 1쇄 인쇄 2018년 10월 23일
초판 4쇄 발행 2019년 11월 8일

지은이 오형규 **펴낸이** 김종길 **펴낸곳** 글담출판사

기획편집 이은지 · 이경숙 · 김진희 · 김보라 · 김윤아
마케팅 박용철 · 김상윤 **디자인** 엄재선 · 손지원 **홍보** 윤수연 · 김민지 **관리** 박인영

출판등록 1998년 12월 30일 제2013-000314호
주소 (04029) 서울시 마포구 월드컵로8길 41(서교동)
전화 (02) 998-7030 **팩스** (02) 998-7924
페이스북 www.facebook.com/geuldam4u **인스타그램** geuldam
블로그 blog.naver.com/geuldam4u **이메일** geuldam4u@naver.com

ISBN 979-11-86650-69-1 (03900)
책값은 뒤표지에 있습니다.
잘못된 책은 교환해드립니다.

이 도서의 국립중앙도서관 출판예정도서목록(CIP)은 서지정보유통지원시스템 홈페이지
(http://seoji.nl.go.kr)와 국가자료공동목록시스템(http://www.nl.go.kr/kolisnet)에서 이용하실
수 있습니다.(CIP제어번호: CIP2018030186)

만든 사람들
책임편집 박성연 **디자인** 박경은 · 손지원 **교정·교열** 김익선

글담출판사에서는 참신한 발상, 따뜻한 시선을 담은 원고를 기다리고 있습니다.
원고는 블로그나 이메일로 보내주세요. 여러분의 소중한 경험과 지식을 나누세요.
블로그 http://blog.naver.com/geuldam4u 이메일 geuldam4u@naver.com